AF257323

PRÉCIS

DES ÉVÉNEMENTS

DU RÈGNE DE LOUIS XVIII.

IMPRIMERIE DE FIRMIN DIDOT,
IMPRIMEUR DU ROI ET DE L'INSTITUT, RUE JACOB, N° 24.

PRÉCIS

RAPIDE

DES ÉVÉNEMENTS

DU RÈGNE DE LOUIS XVIII;

POUR SERVIR DE SUPPLÉMENT A L'HISTOIRE DE FRANCE D'ANQUETIL, CONTINUÉE PAR M. GALLAIS.

PAR M. D***.

A PARIS,

CHEZ JANET ET COTELLE, LIBRAIRES,

RUE SAINT-ANDRÉ-DES-ARCS, N° 55.

M DCCC XXVIII.

HISTOIRE DE FRANCE.

PRÉCIS

RAPIDE DES PRINCIPAUX ÉVÉNEMENTS

DU RÈGNE DE LOUIS XVIII.

Par M. D***.

Nous nous sommes engagés, en annonçant la 3e édition de l'*Histoire de France, par Anquetil, continuée par M. Gallais*, à la terminer par un résumé succinct des événements du règne de Louis XVIII. Dans une période de dix années, le règne de ce prince embrasse une foule de choses d'un très haut intérêt. Mais on sent que, pour ne pas donner à ce supplément plus d'étendue qu'il ne peut en avoir, la nécessité de le resserrer en un petit nombre de pages nous réduit à ne présenter, pour ainsi dire, qu'une table de matières. Nous nous bornerons donc à détacher de la masse des faits ceux qui marquent cette époque de notre histoire d'un caractère particulier. Nous joindrons au souvenir de ce qui s'est passé sous nos yeux, un précis rapide des insurrections plus ou moins prolongées dont le royaume de Naples, l'Espagne, le Portugal, le Pié-mont, ont été les théâtres : et nous dirons un mot de

1815-1824.

I

la glorieuse tentative de la Grèce, pour s'affranchir de
la domination musulmane.

Commençons par une revue sommaire des lois les
plus importantes, présentées et discutées aux deux chambres, dans le cours des huit sessions que Louis XVIII
ouvrit constamment en personne, depuis le 5 novembre 1817, jusqu'au 23 mars 1824 (1).

Le duc de Richelieu, ministre des affaires étrangères, apporta, le 22 novembre 1817, à la chambre
des députés, les dispositions d'un concordat conclu,
dans le mois de juin de la même année, par le comte
de Blacas, entre la cour de Rome et la France. Pendant qu'une commission nommée préparoit son rapport
à ce sujet, le bruit d'une lettre écrite à Rome et d'une
réponse peu conforme à la situation des esprits, suspendit son travail, et la session finit sans que la chambre eût pu s'en occuper.

La licence de la presse demandoit impérieusement
des mesures répressives; car la loi de 1814 ne remplis-
soit qu'imparfaitement les lacunes du code pénal, et la
loi de 1816 laissait beaucoup à desirer. Un nouveau
projet fut présenté le 17 novembre 1817. Après de
longs débats et d'utiles amendements, la loi fut adop-
tée; mais la chambre des pairs la rejeta le 23 janvier
suivant, à la majorité de 102 voix

L'attente du budget excitoit une grande impatience.
On avoit à délibérer sur les moyens d'acquitter les dé-

(1) Nous puisons ce Mémorial très-abrégé des sessions du corps législatif, dans l'*Annuaire historique* de M. Lesur, ouvrage indispensable pour
étudier l'histoire contemporaine, et très-supérieur à l'*Annual Register* que
l'auteur a pris pour modèle.

1815—24.

penses d'une administration immense, et de suffire à la charge, plutôt présumée que bien connue, des engagements pris avec l'étranger, encore campé sur notre territoire. Cette charge fut déclarée par une communication que le duc de Richelieu fit à la chambre au nom du roi, le 25 février. Le résultat de trois conventions séparées imposoit à la France une obligation de créer 16,040,000 francs de rente, pour la liquidation des créances étrangères. Le ministre ajouta que le gouvernement ne pouvoit se passer d'un crédit éventuel de 24,000,000 de rente, pour compléter le paiement des sommes dues aux puissances alliées. Les deux chambres accordèrent l'un et l'autre, à la presque unanimité. Une ordonnance du 16 mai prononça la clôture de la session.

Au milieu de cette année, la famille royale eut à pleurer Joseph de Bourbon, prince de Condé, tout à la fois le Bayard et le Nestor de notre armée. Le vainqueur de Rocroi, de Lens et de Senef étoit son trisaïeul. A la question faite au roi, comment il desiroit que ce prince fût enterré : *Comme Duguesclin et Turenne*, répondit Louis XVIII.

Au 23 octobre, se terminèrent les opérations du congrès d'Aix-la-Chapelle. D'honorables sacrifices y réduisirent notre énorme dette ; et de plus, il y fut décidé que l'évacuation du territoire par les troupes des souverains seroit pleine, entière et sans réserve. En effet, des revues de départ eurent lieu du 24 au 26 du même mois.

La session de 1818-19 s'ouvrit le 10 de décembre. Une révolution ministérielle en suivit immédiatement l'ouverture. Le 20, il parut une ordonnance du roi par laquelle le marquis Dessolles étoit nommé ministre des affaires étrangères et président du conseil des ministres; M. de Serres, ministre de la justice; le comte Decazes, ministre de l'intérieur; le baron Portal, ministre de la marine; le maréchal Gouvion de Saint-Cyr, ministre de la guerre; le baron Louis, ministre des finances. La même ordonnance supprimoit le ministère de la police générale. Les nouveaux ministres se promirent de maintenir la loi des élections qui comptoit de nombreux partisans; 1° parce qu'elle intéressoit à la chose publique une plus grande masse de citoyens; 2° parce qu'elle reposoit sur la propriété territoriale et sur l'industrie; 3° parce qu'elle étoit une conséquence littérale de la charte. Les adversaires de la loi lui reprochoient le petit nombre d'électeurs qu'elle appeloit à voter, par l'obstacle qu'elle opposoit à l'exercice de leur droit; 2° l'admission des patentés et l'abus de la prérogative que la loi leur conféroit; 3° l'omission des suppléants.

Le premier qui l'attaqua fut un pair dont le nom ne rappeloit que des vertus et des services (1). Il demanda que le roi fût supplié de présenter un projet d'où résultât une amélioration jugée nécessaire dans l'organisation des colléges électoraux. La chambre des pairs convertit cette proposition en résolution; mais elle ne fut point admise à la chambre des députés. Dans le peu de temps qui s'écoula, depuis le rejet d'une loi sur la presse, par la chambre des pairs, on reconnoissoit l'urgente nécessité d'une autre loi. Le 22 mars 1819, M. le garde des sceaux en apporta le projet à la chambre élective. Il se composoit de trois lois séparées, qui

(1) M. Barthélemy.

devoient former, en un seul code, toute la législation de cet important objet. Le premier comprenoit les dispositions pénales; le second régloit le mode de procédure et des jugements; le dernier regardoit les journaux et toutes autres publications périodiques. Ce projet, qui donna lieu dans les deux chambres à des débats très-vifs et très-lumineux, fut adopté par l'une et l'autre, aux trois quarts des suffrages.

Les deux chambres adoptèrent, après une sage discussion, le budget de 1819.

Dépenses : 874 millions, 595,975 francs.

Recettes : 915,000,000.

Vingt-sept pétitions étoient parvenues à la chambre des députés, pour demander le rappel des bannis, par l'effet de la loi du 12 janvier 1816. L'esprit de parti, voilé des traits de la pitié, plaida leur cause avec plus de chaleur que d'adresse. Toutefois la chambre flottoit, quand un homme d'une raison supérieure et d'un cœur droit, M. Royer Collard, renversa toutes les espérances du parti. « C'est contre la dignité du monarque que ces pétitions ont été dirigées, dit cet orateur. Elles n'eussent profité qu'aux ennemis du trône, et jamais cette chambre ne sera leur instrument. Je demande l'ordre du jour. »

L'ordre du jour fut adopté.

Session de 1819—1820.

Les partis dont l'opposition étoit la plus tranchée s'étoient exaspérés; et les députés des deux opinions arrivoient pour combattre et pour vaincre. La session alloit s'ouvrir, sans que les ministres eussent un plan arrêté, sans qu'ils fussent d'accord entre eux, sans qu'ils eussent pris un seul moyen de s'assurer la majorité dans une chambre qui renfermoit bien moins d'éléments ministériels que la dernière. Leur position étoit difficile. De toutes les voies pour en sortir, la plus simple, au gré de trois d'entre eux, étoit de renouveler intégralement la chambre, et de changer la loi qui donnoit des députés alarmants. A la proposition qu'ils en firent, éclata, de la part des autres, un dissentiment qui décida la rupture. Il parut, dans le *Moniteur* du 20 novembre, une ordonnance qui nommoit le comte Decazes ministre de l'intérieur et président du conseil; le baron Pasquier, ministre des affaires étrangères; le marquis de Latour-Maubourg, ministre de la guerre. MM. de Serre et Portal furent laissés, l'un à la justice, et l'autre à la marine.

Les premiers débats de la chambre eurent lieu, non sans agitation, le 6 décembre 1819, au sujet de l'élection de l'abbé Grégoire. On rougissoit pour le département qui s'étoit fait représenter par un prêtre régicide. L'esprit de parti soutint un moment ce choix effronté; mais l'immense majorité fut juste et françoise, en rejetant un homme indigne d'être admis dans son sein.

Le 13 de février 1820, le dernier héritier du trône succomba sous le poignard d'un scélérat enivré des doctrines révolutionnaires. Ce misérable qui s'appeloit *Louvel*, sans aucune instigation (d'après ses propres aveux), sans aucuns complices que les journaux les plus ardents, possédé d'une noire et sombre fureur contre le sang des Bourbons, n'écouta que le desir exécrable d'en tarir la source. Le lendemain, la chambre, pénétrée de ce grand malheur, en reçut officiellement la triste communication. La lecture du message étoit à peine achevée, qu'un député s'élançant à la tribune proposa de porter un acte d'accusation contre M. Decazes, comme complice de l'assassinat de M. le duc de Berry. C'étoit pousser jusqu'à l'égarement la passion et l'injustice. Aussi cette proposition insensée soulevat-elle la chambre entière ; mais la défaveur qui s'attachoit au président du conseil ne s'en manifesta pas moins d'une manière si déclarée, qu'il comprit la nécessité de s'éloigner. Il remit son portefeuille au roi le 18 février, et se retira comblé de bienfaits et d'honneurs. Les ennemis de M. Decazes, ou plutôt de sa fortune, en ont dit beaucoup de mal qu'il ne méritoit pas. Ils se sont irrités de son crédit, dont pourtant il n'a point abusé. L'affection dont l'honoroit Louis XVIII étoit une énigme pour eux. Certainement le roi ne regardoit pas M. Decazes comme un grand politique; mais il plaisoit à S. M. par les agréments d'un esprit facile et cultivé, par une fleur d'instruction et de littérature, et surtout par un dévouement sincère. Comme ministre, il n'a pas déployé les talents que ses amis lui prêtent : mais ceux qui l'ont accusé de soigner la révolution, n'entendoient rien à sa marche; et paroître adopter les opinions libérales, pour les dominer ensuite, n'étoit pas après tout le calcul d'un homme inhabile.

Le comte (devenu le duc Decazes) fut remplacé par le duc de Richelieu dans la présidence du conseil, et par le comte Siméon au ministère de l'intérieur, dont on détacha l'administration de la police, pour en donner la direction générale au baron Mounier, pair de France.

Après l'acceptation dans les deux chambres de deux lois d'exception qui conféroient au ministère un droit absolu sur les personnes et sur les journaux, un projet de loi fut proposé, tendant à substituer un nouveau mode électoral à celui que M. Decazes avoit présenté le 15 février, et dont les dispositions avoient été reçues avec froideur. Celui-ci créoit dans chaque département deux classes de colléges électoraux : les uns, dits *d'arrondissement*, qui devoient choisir autant de candidats que le département a de députés à nommer ; l'autre, dit *de département*, lequel devoit nommer les députés parmi les candidats choisis par les colléges du premier degré. Pour donner une idée de l'opposition qu'alloit subir le projet de loi, nous rappellerons qu'à l'instant même quatre-vingt-neuf orateurs se firent inscrire pour le combattre, tandis qu'il ne s'en offrit que trente-quatre pour le défendre.

Néanmoins il fut adopté dans les deux chambres. Nous parlerons plus loin des troubles qui s'élevèrent dans Páris à cette occasion.

Le 10 de juillet, la chambre des députés adopta le projet de loi concernant le budget des voies et moyens pour l'année 1820 ; et le 17 du même mois, la chambre héréditaire adopta le même projet, à la majorité de 115 voix contre une.

Session de 1820-21.

La loi des élections avoit porté les fruits que les uns desiroient, que redoutoient les autres. Les députés du côté droit se flattoient d'une majorité décidée. Des premières réunions qui précèdent la session, il s'échappoit des vœux, des espérances, et surtout des pensées hostiles contre le ministère.

La session s'ouvrit le 19 de décembre 1820 ; le surlendemain, MM. Lainé, de Villèle et Corbière furent

nommés ministres-secrétaires d'état, sans qu'il leur fût
assigné de département (1).

Les premières séances de la chambre se passèrent en débats orageux. On y perdit un temps considérable à discuter de petits intérêts; et les discours des deux côtés y prirent un caractère d'aigreur et d'animosité très-marquées. Enfin la chambre eut à s'occuper d'un objet digne de son attention, d'une loi sur les grains. Cette question, si débattue par des hommes éclairés, offre encore plus d'un problème à résoudre. La discussion, dans les deux chambres, riche en détails d'économie politique, n'amena qu'une loi qui peut encore s'améliorer.

Le 9 de juillet, la chambre élective admit, à la majorité de 214 contre 112, un projet de loi qui prorogeoit jusqu'à la fin du troisième mois, après l'ouverture de la session de 1821, l'effet d'une loi du 30 mars 1820, établissant pour les journaux une censure préalable. La chambre des pairs l'adopta, le 24 du même mois.

Le budget avoit été présenté dès le 16 de janvier. Le ministre y portoit :

Les produits ou recettes à 888,021,745 francs;

Les dépenses à 882,327,374 francs.

Le rapport de la commission ne fut fait à la chambre que les 9 et 10 de mai. Les deux chambres l'adoptèrent dans le cours de juillet, et la session fut close le 31 du même mois.

Le prince, fils du feu duc de Berry (Charles-Henri-Ferdinand-Marie-Dieudonné, duc de Bordeaux),

____

(1) On les appela ministres *in partibus.*

 étoit né le 29 septembre 1820. La célébration de son baptême eut lieu le 1ᵉʳ mai 1821.

Pendant que la France remercioit le ciel de cet enfant précieux, et que tous les temples retentissoient des hymnes de la reconnoissance, un homme de génie, mais d'un génie fatal, alloit disparoître de la terre, pleine de son nom et désolée par sa gloire. Bonaparte mouroit sur un rocher aride; il mouroit au milieu de quelques amis fidèles, honorables courtisans du malheur. On en reçut la nouvelle à Paris le 6 de juillet (1).

Si la mort de ce grand capitaine ne produisit pas l'effet auquel on auroit pu s'attendre, c'est que, pour toute l'Europe, il n'étoit déja plus, depuis 1815. Il ne fit qu'achever de mourir à Sainte-Hélène.

Au moment où la session finissoit, des dissidences très-prononcées éclatèrent entre les anciens ministres et les ministres sans portefeuille; elles déterminèrent les derniers (MM. de Villèle et Corbière) à donner leur démission.

Les élections pour 1821-22 se firent avec assez de calme; mais l'influence du ministère n'y fut pas aussi puissante qu'il se l'étoit promis. Sur 87 députés que les colléges électoraux avoient à nommer, les deux tiers des élus paroissoient destinés à fortifier le côté droit, et le reste à se partager entre la partie du centre et le côté gauche. Le 26 de novembre 1821, la chambre entendit, en comité secret, le projet d'adresse au roi, rédigée, disoit-on, par M. Delalot, orateur véhément. Cette adresse, très-bien écrite, finissoit

____

(1) Napoléon étoit âgé de 51 ans 8 mois et 20 jours. Il mourut le 5 de mai 1821.

ainsi : « Nous nous félicitons, sire, de vos relations constamment amicales avec les puissances étrangères, dans la juste confiance qu'une paix si précieuse n'est point payée de sacrifices incompatibles avec l'honneur de la nation et la dignité de la couronne. » Tout ce que dirent MM. Pasquier et de Serre, pour faire sentir à la chambre l'inconvenance de cette phrase, fut inutile. Le monarque en jugea comme ses ministres et s'en tint offensé. « J'aime à croire, dit-il à la députation, que la plupart de ceux qui ont voté cette adresse n'en ont pas pesé toutes les expressions. S'ils avoient eu le temps de les apprécier, ils n'eussent pas souffert une supposition que, comme roi, je ne dois pas caractériser, que, comme père, je voudrois oublier. » Une improbation aussi solennelle de l'adresse sembloit promettre aux ministres un triomphe assuré. Comme un ministère reçoit sa plus grande force de l'idée qu'il fait concevoir de sa durée, celui-ci se flattoit de briser bientôt la coalition qui le menaçoit, et de se refaire une majorité. Déçu dans cette espérance, il n'obtint ni la victoire, ni la paix. Après plusieurs jours de négociations infructueuses entre les partis, le *Moniteur* du 15 décembre annonça le renouvellement complet du ministère, ainsi qu'il suit :

M. de Peyronnet, au département de la justice;

M. le vicomte de Montmorency, pair de France, à celui des affaires étrangères;

M. le maréchal duc de Bellune, au ministère de la guerre;

M. Corbière, à l'intérieur;

M. le marquis de Clermont-Tonnerre, à la marine;

M. de Villèle, au ministère des finances.

L'ordonnance étoit contresignée par M. de Lauriston, ministre de la maison du roi.

Le ministère n'avoit pu se préparer à la discussion des lois présentées par ses prédécesseurs : aborder celle du budget étoit également impossible. Aussi le nouveau ministre des finances se borna-t-il à proposer, le 20 décembre, d'accorder la perception provisoire de l'impôt, en le réduisant à trois douzièmes, et le crédit à deux cents millions. L'objet de cette demande fut voté dans la même séance, et ne souffrit pas plus de difficultés à la chambre des pairs.

Le changement du ministère et du système ministériel entraînoit des résultats nécessaires et des démissions attendues. Le baron Mounier, directeur de la police générale, fut remplacé par M. Franchet, chef de division à l'administration des postes. M. Delavau, conseiller à la cour royale, fut nommé préfet de police, à la place de M. Anglès. La direction des postes passa, des mains de M. de Mezy, dans celles de M. le duc Doudeauville. On annonçoit la nomination de M. de Serre à l'ambassade de Naples, la démission de M. le duc Decazes, ambassadeur à Londres, et son remplacement par M. de Chateaubriand.

Les ministres entroient dans une carrière qui devoit être semée de troubles et d'orages.

En arrivant au pouvoir, le ministère avoit manifesté l'intention de supprimer la censure, et d'y substituer des dispositions sévères sur la police de la *presse périodique*. Le garde des sceaux, M. Peyronnet, en présenta le projet le 2 de janvier 1822, et la discussion s'ouvrit le 19 du même mois. Cette lutte fut remarquable par la vigueur de l'attaque et de la résistance.

Les plus forts orateurs des deux côtés y déployèrent un grand talent. M. Royer-Collard prit la question de très-haut et la traita largement. M. de Serre appuya la loi de toutes les armes de la raison. M. Benjamin Constant employa, pour la combattre, cette adresse voisine du sophisme, qui, tenant en défiance ceux qui l'écoutent, ne permet pas toujours qu'on soit juste pour lui. Le général Foy parla contre le projet avec force; M. Manuel, en avocat diffus. Enfin la loi passa, le dépouillement du scrutin ayant offert en sa faveur les deux tiers des suffrages.

Cette loi ne manqua ni de défenseurs habiles, ni d'adversaires éloquents à la chambre haute. Sur 211 votants que cette chambre comptoit, 130 bulletins se déclarèrent pour le ministère. La loi répressive de la presse périodique passa comme la précédente à la chambre des députés, après une discussion plus ou moins passionnée. Les pairs l'adoptèrent le 13 mars, à la majorité de 41 voix.

La présentation du budget est toujours une occasion d'aborder de près toutes les parties de l'administration générale; et l'opposition n'use pas toujours de ce droit avec modération. L'examen du budget de 1822 en offrit la preuve. M. Benjamin Constant, dès son exorde, irrita jusqu'aux hommes sensés de son parti. La droite le traita de *séditieux*, d'*agitateur*, et demanda son rappel à l'ordre.

Il nous seroit impossible de parcourir, même dans l'analyse la plus rapide, les points essentiels qui dominèrent cette discussion importante, où la politique de l'ancien ministère ne fut pas plus ménagée que celle du nouveau.

Le nombre des votants étoit de 324; celui des boules blanches fut de 272.

L'ensemble de la loi fut pareillement adopté, le 30 avril, à la chambre héréditaire, par 124 voix sur 125 votants. Le 1er mai, les deux chambres reçurent communication d'une ordonnance du roi, portant clôture de la session.

D'après la résolution annoncée d'ouvrir la session de 1822 avant que l'intervalle qui sépare ordinairement deux sessions fût écoulé, les colléges électoraux s'assemblèrent. Quoique l'esprit de parti qui paroissoit fort exalté laissât craindre des élections tumultueuses, la tranquillité ne fut sérieusement troublée qu'à Lyon, au sujet de M. de Corcelles, orateur au-dessous du médiocre, mais zélé patriote. Des troupes qu'on fit avancer dissipèrent les mutins.

L'attention du public, occupée des opérations électorales, en fut distraite par une perte inattendue. Le duc de Richelieu mourut le 17 mai, d'une fièvre cérébrale, à l'âge de 55 ans et quelques mois. Un noble et beau caractère, un esprit juste, une probité sans tache, un besoin de l'estime et du bonheur de son pays, mille fois au-dessus d'une ambition vaine et vulgaire, étoient faits pour exciter de justes regrets. Peut-être ne pouvoit-on pas considérer M. de Richelieu comme un ministre d'une haute capacité; mais l'homme sage et l'homme de bien couvroient tout.

M. Frayssinous, évêque d'Hermopolis, fut nommé grand-maître de l'université par une ordonnance du 1er juin; et le 4 du même mois, Louis XVIII ouvrit en personne la session législative.

Deux projets de loi d'un grand intérêt étoient restés

en arrière : celui des douanes et celui des canaux. — Quant à la première, l'avis du gouvernement l'emporta, dans presque tous les articles, au milieu d'une grande diversité d'opinions des deux parts. L'adoption de la seconde décida l'achèvement des canaux du Nivernais, etc., etc., etc.

11 juin 1822. M. de Villèle présenta le budget des recettes et dépenses pour l'année 1823. Le ministre évaluoit les dépenses à..........900,475,503 fr.,

Et les recettes à.............909,130,783 fr.; d'où résultoit un excédant de recettes de 8,655,280 fr.

Les comptes du budget étoient entamés, et la chambre entendoit l'exposé des dépenses du ministère des finances, quand du chapitre relatif à la chambre des pairs sortit tout à coup un incident qui rejeta fort loin la discussion des autres parties, et qui produisit des débats affligeants. L'instruction d'une procédure, pour fait de conspiration, avoit mis sous les yeux du procureur général de Poitiers des pièces saisies chez les chefs du complot; et dans ces papiers se trouvoient nommés cinq ou six députés de l'opposition : notamment, MM. de La Fayette, Benjamin Constant, et Laffitte. On voyoit aisément que les conspirateurs, à l'insu de ces députés, s'étoient appuyés de noms connus, pour donner crédit à leur entreprise. Cependant deux de ces députés exhalèrent d'autant plus amèrement leur indignation, que cette affaire leur fournissoit un texte pour déclamer. Dans le feu des opinions croisées pour et contre la demande d'une enquête, l'assemblée se sépara tumultueusement, sans qu'on eût rien arrêté. Le surlendemain, M. de St.-Aulaire déposa sur le bureau de la chambre une proposition tendant à ce que le pro-

 cureur général de la cour royale de Poitiers fût tra-
duit à la barre, pour s'y justifier, s'il le pouvoit,
d'un acte d'accusation qui compromettoit l'honneur
de la chambre des députés. Cette proposition fut
controversée, des deux bords, avec une gravité tranquille, que la première attaque ne laissoit pas espérer; et mise aux voix, à l'appel nominal, elle fut
écartée. Une proclamation royale, adressée le 17 du
même mois aux deux chambres, ordonna la clôture
de la session.

Ce qui se passoit en Espagne (1) menaçoit la France
d'une seconde révolution, et l'Europe entière d'un bou-
leversement général. Il étoit urgent de modérer l'action
des principes démagogiques, source des désordres de
la péninsule; et pour y parvenir, les ministres françois
s'étoient réunis à Vérone aux ministres des autres puissances. Le 30 de novembre, M. le vicomte de Montmorency, ministre des affaires étrangères, revint de
Vérone à Paris, laissant au congrès ses collègues
MM. de Caraman, de Chateaubriand, de La Ferronnaye.

Une intervention armée dans les affaires d'Espagne
étoit-elle nécessaire? étoit-elle légitime?

Telle étoit la double question que faisoit l'Angleterre. La France répondoit par une double affirmative,
en ouvrant toutefois à la négociation les voies les plus
sages. Mais l'Espagne, ou du moins ses insolents do-
minateurs, se refusoient à tous les arrangements pro-
posés. Dans cet état de choses, les chambres s'assem-

---

(1) Nous avons dit plus haut que nos lecteurs trouveroient, dans le
cours des événements de ce règne, un résumé de la révolution d'Espagne; ce qui nous dispense d'entrer ici dans aucun détail à ce sujet.

blèrent, et le discours du trône annonça que la guerre étoit décidée.

Après l'adoption, dans les deux chambres, de l'adresse au roi, le ministre des finances présenta quatre projets de loi, le 10 de février 1823. Le second projet, qui fut discuté d'abord, portoit sur la nécessité d'un crédit éventuel de cent millions, pour couvrir les dépenses de 1823, et les frais d'une guerre imminente. A ces derniers mots, commença, par de bruyantes interpellations, un tumulte qui ne fit que s'accroître d'heure en heure entre les partis opposés, ceux-ci demandant la guerre à grands cris, ceux-là la repoussant comme injuste, impolitique, ruineuse pour le commerce, déshonorante, etc., etc. Ce fut dans cette séance que M. le vicomte de Châteaubriand, ministre des affaires étrangères, se montra pour la première fois à la tribune de la chambre élective; et le discours qu'il y prononça fit taire les déclamations vides de sens, ainsi que les considérations timides. Le lendemain, 26 février, M. Manuel essaya de lui répondre; *impar congressus Achilli.* Sa philippique, où dominoient l'humeur et l'âcreté, causa la tempête la plus affreuse dont la chambre eût été troublée. L'expulsion de M. Manuel en fut le triste résultat; soit, comme on l'a dit, que, dans la chaleur d'une improvisation fougueuse, cet orateur eût à peu près justifié le régicide; soit qu'on eût interprété ses expressions dans un sens qu'il ne leur prêtoit point. Quand il quitta la salle, tous les députés de l'opposition se précipitèrent sur ses pas et rédigèrent une protestation qui fut couverte de leurs signatures.

BIBLIOTHÈQUE NATIONALE R.F.

L'adoption du projet de loi relatif au crédit supplémentaire eut lieu dans les deux chambres.

La discussion des budgets, toujours intéressante, parce qu'elle appelle une investigation sérieuse de toutes les parties de l'administration publique, n'offrit, cette année, par la retraite ou le silence de l'opposition, que des détails arides. Cependant les ministres ne manquèrent pas de contradicteurs.

Le 9 mai, les chambres se séparèrent. Empruntons à l'auteur de l'Annuaire de 1823 (1) ce qu'il dit au sujet de cette dernière session. « Une grande question « (celle de la paix et de la guerre) y fut très-bien dis- « cutée par les libéraux, sous le rapport des principes « et du droit public. Sous le point de vue des intérêts « et des· nécessités d'état, elle fut habilement traitée « par les royalistes. Survint cet incident qui coupe la « session en deux parties distinctes; l'exclusion de « M. Manuel (1). C'est un des événements les plus « graves qui puissent arriver dans un gouvernement « représentatif, et par lui-même, et par ses consé- « quences, etc. En masse, ajoute le même auteur, « cette session paroît incomplète et mutilée. Il n'en « restera pas moins d'éloquents discours et des souve- « nirs ineffaçables. »

En attendant que les premiers mois de l'année 1824 rouvrissent le champ des élections, un grand projet mûrissoit dans la pensée du ministère; celui du renouvellement intégral et septennal de la chambre des députés. Cette modification d'un article essentiel de la charte ne paroissoit à personne un événement sans gravité. Les colléges se réunirent aux jours indiqués par l'ordonnance : ceux d'arrondissement, le 25 février ; ceux de département, le 6 mars. M. Manuel reparut dans les rangs des candidats de l'opposition ; mais il échoua. Soit que l'esprit général fût changé, soit que le ministère eût aggravé le poids de son influence, le parti libéral éprouva de grandes défections ; car, sur 434 élections à faire, il n'en eut que quinze dans les arrondissements, et deux seulement dans les colléges de département : les ministres n'avoient jamais acquis une majorité plus nombreuse.

La séance royale, pour l'ouverture de la session des chambres, eut lieu le 23 mars 1824, dans la grande salle du Louvre. Le roi prononça son discours, d'une voix qui pénétra tous les cœurs... et qui bientôt alloit s'éteindre. Il félicita la France du succès de nos armes ; il fit pressentir la proposition du renouvellement septennal. Il ajouta que des mesures étoient prises pour assurer le remboursement des rentes, créées en des jours moins prospères, ou pour opérer leur conversion en des titres dont l'intérêt s'accordât mieux avec celui des autres transactions, etc.

La vérification des pouvoirs amena des contestations sur des élections frappées d'irrégularité, notamment au sujet de M. Benjamin Constant. On prétendit qu'il n'étoit pas citoyen françois, et par conséquent, pas éligible. Après une défense habile qui leva moins la difficulté qu'elle ne l'éluda, la chambre soumit la question à l'épreuve du scrutin secret ; et 214 voix, contre 46, confirmèrent la nomination de M. Benjamin Constant.

Ce fut le 5 avril que le ministre des finances lut, à

 la chambre des députés, le projet impatiemment at-
tendu, d'une loi qui tendoit à substituer des rentes à
trois pour cent, aux rentes créées par l'état à cinq;
soit que la conversion s'effectuât par échange, des
cinq contre les trois, pour cent; soit qu'on rembour-
sât les cinq, au moyen de la négociation des trois
pour cent.

Il nous seroit impossible de reproduire les détails de
cette importante discussion, sans excéder les bornes
imposées à notre travail; nous nous contenterons d'en
offrir le résultat, dans l'une et l'autre chambre. Le
projet sortit de la chambre élective avec une majorité
de 93 voix en sa faveur. Il n'en eut que 94 à la
chambre des pairs, et fut rejeté.

Depuis long-temps, le bruit couroit, d'une scission
entre M. le président du conseil et M. de Châteaubriand, ministre des affaires étrangères. Ce bruit s'ac-
crédita, quand on sut que M. de Châteaubriand s'étoit
abstenu de paroître à la tribune de la chambre haute,
pendant que M. de Villèle et les autres ministres sou-
tenoient l'opération financière. La destitution de M. de
Châteaubriand ne permit plus d'en douter. Il reçut,
le 6 juin, un billet qui lui redemandoit, avec une pré-
cision un peu brusque, le portefeuille des affaires
étrangères. M. de Châteaubriand y répondit avec le
même laconisme, et se retira.

Le projet d'une loi qui devoit prolonger, pendant
sept ans, la durée de la chambre élective, avoit été
présenté le 5 avril, à la chambre des pairs; et le ministre de l'intérieur avoit développé tout à la fois les
inconvénients du renouvellement partiel et quinquen-

nal, et les avantages de la mesure proposée. « L'espace
« d'une session, disoit-il, est trop étroit, pour pro-
« duire cette unité de vues que demandent les affaires
« publiques. Il faut que les mêmes hommes aient le
« temps de saisir l'ensemble du plan qui leur est of-
« fert, etc. »

Le rapporteur de la commission spéciale nommée
pour l'examen du projet, adopta pleinement l'opinion
du ministre et les motifs dont il l'avoit appuyée. La
manière dont il aborda le point le plus élevé de la
question (l'inviolabilité de l'acte constitutionnel) pré-
para l'assentiment du grand nombre. Le même orateur
ne fut pas moins satisfaisant dans son résumé, qui répondit aux objections des adversaires du projet. Sur
184 votants, le dépouillement du scrutin donna 117 suffrages à la loi.

Le ministre de l'intérieur apporta le même projet à
la chambre des députés, le 14 de mai. Le 29 de ce
mois, M. de Martignac, organe de la commission, fit
son rapport, en concluant que la chambre *pouvoit* et
devoit accepter la loi. Le premier qui la combattit fut
M. le comte de Laurencin. Selon lui, cette loi se trou-
voit en opposition avec le texte de la charte.

Elle n'étoit justifiée ni par la nécessité, ni par le
besoin.

Elle blessoit les convenances, en appelant les députés à juger dans leur propre cause.

Elle dérangeoit le gouvernement représentatif, en
étendant très-loin un pouvoir amovible et limité. Elle
enlevoit à d'autres l'espoir de se montrer à leur tour,
parmi les défenseurs des intérêts les plus chers.

M. Royer-Collard termina par ces mots un discours éloquent et profond : « Repoussez, messieurs, comme « un présent corrupteur, cet accroissement de puis- « sance qui vous est offert contre la charte. La chambre « de la charte est assez puissante, si les élections sont « libres. »

Le discours du général Foy parut plutôt une agression dirigée contre le ministère, qu'un refus raisonné de la septennalité.

M. de Girardin, plus adroit à fronder avec enjouement, que capable d'une discussion éloquente, attaqua le projet avec des sarcasmes. Un amendement de M. Benjamin Constant fut accompagné d'un discours remarquable.

Enfin, la loi, soumise au scrutin, réunit 292 voix, sur 379.

Des lois concernant l'altération des produits fabriqués, les chemins communaux, la prorogation du monopole des tabacs, etc., remplirent le reste de la session. Les deux chambres admirent le budget de 1825; mais, dans la chambre des députés, le ministère eut à soutenir une lutte assez vive, contre un membre de l'opposition du côté droit. Cet orateur lui reprocha sans ménagement des manœuvres employées pour s'emparer des journaux. Il signala ceux qui s'étoient vendus. Il entra même, à cet égard, dans des détails où l'histoire ne peut ni ne doit le suivre, mais qui prouvèrent une recherche passionnée des transactions qu'il dénonçoit.

Ainsi finit cette session, la dernière de celles dont il sera fait mention dans cet abrégé.

D'après plusieurs ordonnances rendues à Saint-Cloud, le 4 août, M. le baron de Damas passa, du ministère de la guerre, à celui des affaires étrangères.

M. le marquis de Clermont-Tonnerre, du département de la marine, à la guerre.

M. de Chabrol de Croussol, de la direction générale de l'enregistrement et des domaines, à la marine.

M. le duc de Doudeauville, de la direction générale des postes, au ministère de la maison du roi.

Un nouveau ministère fut créé, celui des affaires ecclésiastiques, pour M. l'évêque d'Hermopolis, étonné de tant d'honneurs et peut-être accablé de tant d'affaires.

Le 15 août, parut une ordonnance qui rétablissoit la censure, pour les feuilles périodiques, remettant en vigueur les lois des 31 mai 1820 et 26 juillet 1821. On peindroit difficilement l'exaspération de tous les partis, au retour de cette mesure peu nécessaire et peu réfléchie.

Nous n'avons pas cru devoir interrompre le récit d'une partie des travaux des deux chambres, par celui de divers événements qui troublèrent plus ou moins la tranquillité publique, soit dans l'intervalle d'une session à l'autre, soit pendant la session même.

Tel fut le complot d'un nommé Didier qui souleva des paysans autour de Grenoble, et qui fut serré de si près par des détachements de cavalerie, qu'il n'eut pas le temps d'entamer ses projets, s'il en avoit.

Telle fut l'entreprise, beaucoup plus sérieuse, dite *conspiration militaire*, dont l'objet étoit de renverser le gouvernement légitime, et de proclamer le fils de Napoléon, sous la régence du prince Eugène de Beauharnais, dont la faction s'étoit mise en tête de faire un grand homme (1). Une ordonnance du 21 août 1820 constitua la chambre des pairs en haute cour de justice, pour prononcer sur cette affaire, et traduisit les conspirateurs devant elle. Après une longue procédure, quarante-un des prévenus furent renvoyés de la poursuite : trois contumaces, condamnés à mort; cinq, à la détention, plus ou moins prolongée; les autres, acquittés.

L'inutilité de pareils essais ne retint point le général Berton, homme d'une valeur éprouvée, d'une tête ardente et d'un esprit médiocre; espèce de républicain qui ne dissimuloit point son opposition à la monarchie. Ce Berton, en couvrant ses desseins d'un air de dévouement à *la charte en péril*, avoit gagné des gens de tout état, presque tous crédules et trompés, et se croyant encore royalistes, sous un drapeau tricolore. A la tête d'une petite troupe, il s'empara de Thouars; il alloit entrer à Saumur, quand il fut arrêté par un maréchal des logis du corps des carabiniers, le 17 juin 1822. Berton et plusieurs de ses complices périrent sur l'échafaud.

Nous ne rappellerons ici les rassemblements, plusieurs fois répétés, des étudiants en droit, en médecine, que pour reprocher ces désordres aux factieux

______

(1) Le prince Eugène de Beauharnais, frère d'Hortense de Beauharnais, ci-devant reine de Hollande, s'étoit fait estimer par une noble franchise et des qualités aimables. Il avoit su donner à l'empressement de son obéissance aux volontés de Napoléon, le caractère d'une soumission filiale. Du reste, il n'étoit remarquable ni comme général, ni comme administrateur; et les chefs de parti qui le mettoient en avant ne l'ignoroient pas ; mais il leur étoit nécessaire.

qui les provoquent. Il est permis d'espérer que ces restes d'une longue tourmente ne nous troubleront plus. Un état seroit trop à plaindre, si deux ou trois brouillons avoient le pouvoir de l'inquiéter. Le pays où cette pensée « que le gouvernement est le plus fort » n'est pas dans tous les esprits, ne peut jamais se flatter d'être long-temps tranquille.

Les missionnaires furent aussi des occasions d'attroupements séditieux dans les départements et même à Paris. Les uns les regardoient comme des hommes apostoliques, des réparateurs de l'ordre social ; les autres, animés d'un esprit révolutionnaire, et sans doute, par un dernier effort de la philosophie contre la foi, crioient et faisoient crier : « Point de mission ! point « de missionnaires ! A bas les fanatiques ! à bas les jé- « suites ! » Et des milliers d'échos redisoient : « A bas « les jésuites ! » Car ces pères étoient et sont encore un épouvantail ; les meneurs de la multitude sachant très-bien qu'il faut toujours se ménager un sujet d'irritation, pour s'en servir au besoin. Cette crainte, au reste, quoiqu'il leur convienne d'en exagérer les motifs, n'est pas dépourvue de fondement. Des maisons religieuses que le gouvernement autorise ou tolère, et dont la discipline paroît conforme à celle de la ci-devant compagnie de Jésus, ont persuadé que les jésuites, par des progressions inaperçues, préparoient sans bruit leur rétablissement en France. Le temps nous l'apprendra.

Toutes les agitations dans l'intérieur nous amènent naturellement à parler des grandes commotions populaires qui, trop bien prédites à la tribune de notre première assemblée nationale, ont remué depuis 1816 plusieurs royaumes de l'Europe. On conçoit aisément que le séjour de nos troupes, à Naples, en Espagne, en Portugal, en Piémont, dut y semer les germes de cette fièvre de constitution qui bientôt y déploya ses ravages. Mais, nulle part, ces germes ne se développèrent avec une énergie plus fatale, que dans la Péninsule. Ces fragments d'histoire étrangère se lient à la nôtre, tant à cause de la part secrète que prirent nos libéraux à des révolutions qu'ils attisoient, que pour l'intervention armée du gouvernement françois, dans les affaires de l'Espagne, livrée par les cortès à toutes les horreurs du démagogisme. L'affranchissement et le retour de l'héritier de Charles IV ouvrirent cette longue scène de malheurs et de folies. Ne remontons point au-delà de cette époque (1).

Pendant que le roi d'Espagne (Ferdinand VII) étoit en France, prisonnier d'un conquérant déloyal, des cortès réunies à Cadix, en 1812, se crurent autorisées à substituer aux formes antiques de leur gouvernement, une constitution où l'autorité royale étoit liée par des précautions ombrageuses, et, pour le dire en un mot, où la démocratie dominoit. Rentré dans ses états, Ferdinand, jeune, impétueux, et persuadé qu'il étoit tout aussi roi que son père et son aïeul, prononça la dissolution des cortès, méconnut la charte de 1812 et supprima le gouvernement représentatif. Le roi ne sentit pas que c'étoit annoncer un retour inévitable à tout ce que l'esprit du siècle abolissoit. Il sentit encore moins que ces actes d'un pouvoir

---

(1) Les lecteurs qui connoissent *le Règne de Louis XVIII*, par M. Barbet-Dubertrand, retrouveront ici le tableau resserré des révolutions que l'auteur a décrites dans un style plein de mouvement et d'images.

qu'il n'avoit plus, justifioient ces mêmes cortès qui sembloient en avoir pressenti l'abus, et qu'ils n'étoient propres qu'à mécontenter ses sujets. Ce fut aussi l'effet qu'ils produisirent. On murmura tout haut; on écrivit. Des feuilles hardies, et bientôt séditieuses, circulèrent, d'un bout de la péninsule à l'autre. On découvrit des complots; ils amenèrent des rigueurs qui firent naître d'autres complots. Deux partis opposés reçurent les dénominations de *liberales* et de *serviles :* c'étoit la preuve que le peuple entroit dans la passion des factieux; car c'est toujours lui qui donne ces sortes de qualifications au parti dont il n'est pas. La difficulté de réprimer ces désordres s'accroissoit, de l'embarras progressif des finances. En 1817, il étoit au comble. La possession des mines du Nouveau-Monde échappoit à l'Espagne, par l'insurrection des colonies du Sud; et ce n'étoit pas en menaçant les rebelles, qu'il étoit possible de les désarmer. Une première expédition, partie pour le Vénézuela, dans les premiers jours de 1815, sous les ordres de Morillo, devenoit inutile. Les avantages ou les revers, également meurtriers, la désertion, les maladies, avoient réduit à peu d'hommes l'armée qu'il commandoit. Le gouvernement espagnol s'occupa d'une autre expédition, pour répondre au besoin urgent des circonstances, fortement énoncé, dans toutes les dépêches du général Morillo. Les troupes d'embarquement, employées pour ce service, présentoient un effectif de 18 à 20,000 hommes, stationnés entre Séville et Cadix; et si des mesures plus actives eussent permis un prompt départ, il est à croire que leur présence auroit au moins ralenti la marche de la révolution. Mais la lenteur des préparatifs fut doublement funeste; elle laissa les insurgés étendre leurs conquêtes, et leur donna le temps d'inquiéter la métropole, au moyen de leur argent et de leurs correspondances, afin de la mettre hors d'état de penser aux possessions américaines. Ils n'eurent pas de peine à soulever des hommes, engagés dès long-temps dans une conjuration qui, sourdement entretenue, mais prudente, n'attendoit pour éclater qu'une occasion propice. Elle s'offrit et ne fut pas négligée. D'abord, on entendit les soldats se plaindre de cette destination lointaine; puis, demander à grands cris la constitution des cortès. Antonio Quiroga, lieutenant-colonel, et Raphaël del Riego, commandant le second bataillon des Asturies, moteurs secrets de cette émeute, se mirent à la tête des rebelles, et les progrès de leurs menées furent si rapides, que l'insurrection qui s'étoit déclarée, dans l'île de Léon, en janvier 1820, agitoit déja Madrid, à la fin de février. Riego débauchoit, de quartier en quartier, tous les corps militaires, destituoit et remplaçoit les autorités locales, proclamoit la constitution de 1812. L'activité de Quiroga n'étoit pas moins fatale.

La connoissance de ce qui se passoit ne parvint d'abord au gouvernement, que par des bruits qui ne l'émurent point. Il ne sortit de son indolente sécurité, que sur le rapport de témoins oculaires. Cependant, la rébellion gagnoit du terrain; elle étoit aux portes de la capitale, où le parti l'attendoit. La fermentation des esprits déja préparés, s'accrut à chaque bulletin, à chaque affiche, à chaque rumeur, commentée dans les groupes, par des orateurs populaires. C'étoit le tableau de Paris, en 1792. Le conseil d'état, discordant et troublé, délibéroit et ne décidoit rien. En de telles crises, tout est périlleux. Le parti de composer avec les rebelles déplaisoit à la fierté du roi ; le projet de leur résister en supposoit les moyens. Le comble du malheur pour Ferdinand étoit d'avoir à choisir entre des officiers plus ou moins suspects. En croyant envoyer un général à l'armée fidèle, on donnoit peut-être un chef à la révolte.

Quand on n'a pas su se rendre le maître des circonstances, on en devient l'esclave ; le roi l'éprouva. Soit que le général Ballesteros craignît pour le prince, soit, comme on l'a cru, qu'il eût pris des engagements avec les *liberalés*, il pressa le roi d'accepter la constitution de 1812, et l'y détermina : le monarque prêta serment à la constitution qu'il avoit abolie. La convocation des cortès et l'organisation d'un ministère dans leur sens, étoient une suite nécessaire de la démarche de Ferdinand.

Les cortès se réunirent le 9 de juillet. Il eût été difficile que les élections ne donnassent pas une grande majorité libérale. Quiroga fut élu, mais resta muet. Sa réserve fut interprétée par les uns, comme une sorte de résipiscence ; les autres l'attribuèrent à sa médiocrité.

Le lecteur sent bien que cette esquisse n'admet pas le moindre détail des travaux des cortès. Nous dirons seulement que dans le cours de la session qui se prolongea jusqu'au 9 de novembre, la majorité se montra sagement constitutionnelle (1), et retint la fougue d'une minorité turbulente.

(1) A côté de plusieurs décrets passionnés, on doit en citer qui sont nobles et généreux. Un, entre autres (du 19 septembre), abolit l'usage

La joie que le peuple avoit témoignée de l'accession de Ferdinand à la constitution, s'étoit éteinte presque aussitôt dans l'inquiétude, l'agitation, la défiance. Il fatiguoit le roi de demandes accumulées. Un sacrifice en imposoit un autre. La moindre hésitation étoit prise pour un refus ; un refus rallumoit sa fureur.

L'intervalle qui sépara les deux sessions fut marqué par de grands désordres. Ferdinand ouvrit en personne celle du 21 mars. Il se plaignit, avec douleur, des outrages qu'il avoit reçus de la multitude, et les imputa sans détour à la mollesse du ministère. Les ministres, que leur position accabloit déja, saisirent le moment qui leur étoit offert de donner leur démission ; elle fut acceptée. Ferdinand souhaitoit que l'assemblée se chargeât de les remplacer ; mais les cortès se refusèrent à ce desir qui leur parut insidieux, et prièrent le roi d'user de sa prérogative. Les choix qu'il fit n'eurent ni le suffrage, ni l'improbation des cortès.

La tranquillité ne renaissoit point. De nombreux mécontents s'étoient formés en *guerillas* ; ils désoloient les provinces. Battus sur un point, ils reparoissoient sur un autre. A Madrid, les clubs déclamoient, affichoient, gouvernoient ; car les passions règnent où les lois se taisent. La populace, avertie de sa prétendue souveraineté (1), proscrivoit ses ennemis ; elle s'étoit fait des idoles ; il leur falloit des victimes.

En un mot, l'Europe revoyoit en Espagne tous les

---

des représailles, en temps de guerre. Un décret dont les cortès n'eurent pas moins à se glorifier mit les personnes et les propriétés des étrangers sous la protection des lois espagnoles.

(1) La souveraineté du peuple est un rêve démagogique. La raison, voilà la vraie souveraine.

crimes de la révolution françoise. Pour comble de cala-
mité, la maladie pestilentielle dont Cadix avoit éprouvé
les ravages, se déclara dans Barcelone, moissonna le
tiers de ses habitants, et remplit la Catalogne de deuil
et d'épouvante. A la première apparition de ce fléau,
le gouvernement françois forma, sur la ligne entière
des Pyrénées, un cordon sanitaire, afin d'interrompre
toute communication avec le pays infecté; cette pré-
caution troubla les révolutionnaires.

Cependant les partis s'exaspéroient; la faction militaire ne dissimuloit plus ses vues. De perfides émissaires
s'étoient promis d'irriter la garde royale : ils y réussirent.
Quatre bataillons des gardes sortirent de leurs casernes, le 2 juillet 1822, et campèrent hors des murs,
dans une attitude hostile. Le 7, douze mille hommes
les attaquèrent, soutenus de beaucoup d'artillerie. A
la vigueur avec laquelle ils furent reçus, l'affaire eût
été bientôt décidée; mais tout à coup les malheureux
gardes s'aperçurent que leurs chefs les abandonnoient.
De ce moment, ils ne purent opposer aux troupes
qu'une résistance désordonnée, tumultueuse, et furent
taillés en pièces. Ferdinand s'étoit échappé du palais,
pour aller se battre à leur tête; il en fut détourné par
un de ces conseils timides que le zèle mal entendu
donne aux rois et qu'ils acceptent trop aisément.

Le fatal honneur de la journée du 7 appartenoit au
général Morillo, considéré d'abord comme l'appui
des royalistes, regagné sur eux par les *libéralés*, enfin
porté par les *descamisados* au rang des Quiroga,
des Ballesteros, des Riego, des Mina. Mais Ballesteros
ne le laissa pas jouir long-temps d'une popularité qui
l'inquiétoit. Ce Ballesteros éclipsa Riego lui-même, qui

 ne joua plus qu'un rôle sans importance. Tel est le sort des courtisans de la multitude. Si les rois ne sont pas toujours reconnoissants, la multitude est toujours ingrate.

L'Europe observoit la Péninsule, et tous les yeux s'attachoient sur la France, si fortement intéressée, par tous ses points de contact avec l'Espagne, à ce que l'incendie révolutionnaire y fût étouffé. L'aspect des choses devenoit, de jour en jour, plus alarmant.

A la clôture du congrès de Laybach (le 13 mai 1821), il avoit été convenu que les souverains se réuniroient l'année d'après, à Vérone, si de nouveaux périls menaçoient la tranquillité du continent. Ils s'y rendirent le 17 octobre 1822, accompagnés des ministres qu'ils avoient désignés pour tenir les conférences (1).

De tout ce qui fut l'objet des méditations du congrès, nous ne ferons entrer que ce qui concernoit l'Espagne, dans ce rapide souvenir de sa révolution.

Le ministre de France soumit trois questions à l'auguste assemblée :

« 1° Dans le cas où la France seroit forcée d'inter-
« rompre toutes ses relations diplomatiques avec l'Es-

----

(1) Les souverains étoient : l'empereur de Russie, celui d'Autriche, les rois de Prusse, de Sardaigne, et de Naples.

Les ministres (pour la France) : le duc de Montmorency, le vicomte de Châteaubriand, le marquis de Caraman, etc. , etc.

Pour l'Autriche, le prince de Metternich, le baron de Lebzeltern, etc.

Pour la Russie, le comte de Nesselrode, le comte Pozzo di Borgo, etc.

Pour la Prusse, le prince de Hardenberg, le prince de Hazfeld, etc.

Pour l'Angleterre, le duc de Wellington.

Pour Rome, le cardinal Spina.

Pour Naples, le prince Ruffo.

« pagne, les hautes puissances seroient-elles également
« disposées à rappeler leurs ambassadeurs ?

« 2° Si la guerre éclatoit entre la France et l'Es-
« pagne, sous quelle forme, et par quels actes, les
« hautes puissances offriroient-elles à la France un
« secours moral qui pût transmettre à ses mesures la
« force et l'autorité de leur alliance ?

« 3° Dans le cas d'une intervention active, de la
« part de la France, quel seroit le genre et l'étendue
« des secours qu'elle pourroit se promettre des hautes
« puissances ? »

Les ministres des puissances continentales répondi-
rent à ces questions, de la manière la plus satisfaisante
pour la France. Le seul plénipotentiaire anglois allé-
gua, contre leurs résolutions, le parti pris par S. M.
Britannique, de ne s'immiscer aucunement dans le
gouvernement intérieur et dans les actes d'un état indépendant. Telles furent les expressions de lord Wellington. Ce parti convenoit à la politique de l'Angleterre ; mais ses efforts pour déterminer les cortès à
revoir leur charte de 1812, prouvoient qu'à cet égard
elle s'unissoit à l'opinion des autres puissances.

On ne doutoit donc plus d'une guerre prochaine,
entre l'Espagne et la France, quoique le plus habile
de nos hommes d'état prétendît qu'on ne pouvoit ni
l'éviter, ni la faire. Une correspondance active étoit
ouverte depuis long-temps entre Madrid et Paris, cette
métropole des révolutions ; et les libéraux des deux
royaumes se transmettoient leurs espérances. Les premiers se promettoient que la neutralité déclarée de
l'Angleterre et les apparences de son patronage sus-
pendroient tout au moins les hostilités ; les autres

comptoient sur la désunion de notre ministère : et dans la vue de lui persuader que la France n'étoit pas assez tranquille, pour entreprendre une guerre faite à ses propres doctrines, ils essayoient de petites émeutes, que le peuple regardoit sans s'émouvoir. Ils soulevoient des étudiants qu'une brigade de gendarmerie balayoit. Tous ces moyens étoient usés.

L'ambassadeur de France à Madrid avoit été chargé de remettre aux cortès une note tendante à prévenir la rupture que tout annonçoit; les trois autres puissances avoient également envoyé leur *ultimatum*. Les cortès firent à ces derniers une réponse hautaine, et dont le ton s'éloignoit de toutes les formes diplomatiques.

La France fut un peu plus ménagée dans les expressions; mais le refus des cortès n'étoit pas moins positif; et sur la manifestation de leurs sentiments, l'ambassadeur françois quitta Madrid, le 30 de janvier. Les ministres des autres cours s'étoient retirés, depuis le 10 du même mois.

Louis XVIII confia la direction suprême de cette guerre au duc d'Angoulême, prince éclairé, généreux, intrépide, plein de modération et d'humanité.

Les préparatifs de l'invasion étoient terminés au 1er avril; et peu de jours après, l'armée françoise passoit la Bidassoa.

Deux stations navales, destinées à coopérer aux travaux de l'armée d'invasion, furent établies, l'une dans la Méditerranée, l'autre dans l'Océan.

La situation militaire de l'Espagne n'étoit point rassurante. Elle manquoit de soldats, et de moyens d'acquitter leur solde : des manifestes ne créoient ni les uns

1815—24.

ni les autres. Toutefois, on mit sur pied cent mille hommes, tant de troupes régulières, que de miliciens mal disciplinés. Quatre généraux morcelèrent cette armée, pour se la partager, et chacun d'eux prit sa direction, sans aucun système de défense commune, sans projet de se concerter, sans unanimité dans leurs opinions politiques.

Tout le reste n'étoit pas mieux ordonné. Nul gouvernement, nulle force réprimante. Du milieu des groupes qui remplissoient les places, sortoient, à tout moment, les propositions les plus atroces et les plus criminelles. Les ministres ne s'entendoient point. Les cortès affectoient de braver un péril dont elles ne se déguisoient point l'imminence. De temps en temps, frappées de stupeur, elles en sortoient par des accès de rage. Un député, nommé Rico, déclara que le monarque étoit en démence.

L'approche d'une armée de quatre-vingt-dix mille hommes redoublant la terreur, il fut résolu que les cortès seroient transférées de Madrid à Séville : et bientôt après, elles se réfugièrent à Cadix, traînant ce malheureux prince à leur suite.

Cela se passoit le 15 juin 1823 : le 18 août, les François étoient devant Cadix.

Ce n'est point à nous à décrire cette campagne, aussi mémorable par sa courte durée que par ses résultats. Sept mois et demi pacifièrent l'Espagne, et relevèrent le trône de Ferdinand VII, sur les bases sacrées de l'autorité légitime; heureux événements qui montrèrent à l'Europe une armée fidèle aux Bourbons, et fière du prince qui la commandoit, comme un grand capitaine, et qui la menoit au feu, comme un grenadier.

L'Espagne est encore loin du calme dont elle a besoin. Le torrent réprimé se débat contre ses digues. Espérons de la raison des peuples qu'ils reconnoîtront leurs véritables intérêts, et qu'enfin l'œuvre de la Providence s'accomplira tout entière.

NAPLES.

Si la révolution françoise est née de la maturité des choses, on peut dire que les nations qui l'ont imitée, n'en étoient pas à ce point qui rend les révolutions nécessaires. Imputons celles qu'elles ont éprouvées à d'autres causes, au nombre desquelles il faut compter les chances offertes à la témérité de quelques ambitieux, et surtout cet esprit d'innovation qui rencontre si peu d'obstacles dans un pays foiblement gouverné.

Le roi de Naples, le sage et paisible Ferdinand, étoit remonté sur son trône, deux fois usurpé. Le plus indulgent oubli couvroit les défections passées; les courtisans de Joseph et de Murat reparoissoient à la cour d'un Bourbon, avec sécurité. L'administration s'étoit singulièrement réformée depuis 1815, et, par l'institution des conseils provinciaux et municipaux, se rapprochoit, autant qu'il étoit possible, des gouvernements représentatifs. Dans une situation assez satisfaisante pour préparer toutes les améliorations desirées, le carbonarisme (1) conjuroit. Il éclata le deuxième jour de juillet 1820, par la rébellion du

---

(1) « Les chefs de cette association ont assuré qu'au mois de mars 1820, « le nombre des hommes inscrits sur les registres de *la Carbonaria,* s'élevoit à 642,000. »

Annuaire historique pour 1820, page 488.

régiment de Bourbon, en quartier à Nola. Ce régi-
ment séduit quitta ses casernes, et se porta sur Avellino, demandant à grands cris la constitution espagnole qu'il ne connoissoit pas. Grossi des milices et de
la garnison d'Avellino, les insurgés eurent bientôt une
armée nombreuse et des chefs ardents, des *Riego*,
des *Quiroga*. Le bruit de leur marche parvint le même
jour à Naples. Mais les ministres, assez généralement
portés à ne rien croire, ou du moins à douter de tout
ce qu'ils n'ont pas prévu, s'empressèrent de rassurer
la cour. Le calme dont ils la berçoient ne fut pas long;
car ils apprirent que les mutins traînoient à leur suite
toute la population des campagnes. On peut juger de
la frayeur des habitants et de la confusion qui régna
de tous côtés, quand cette masse d'hommes eut en-
combré la capitale. Le torrent révolutionnaire s'enfloit
d'heure en heure, et l'incertitude où l'on étoit sur les
dispositions des troupes paralysoit tous les moyens
de résistance. On ignoroit surtout quel étoit le moteur
de l'insurrection; et les rebelles se demandoient eux-
mêmes à quel pouvoir ils obéissoient. Enfin on nomma
le général Gugliemo Pépé; et Naples retentit aussitôt
du cri : *Viva Gugliemo Pépé!* Cet officier, à qui tous
les événements qu'il a dirigés n'ont acquis, dans l'Europe entière, qu'une célébrité ridicule, venoit en
effet d'être salué, comme le héros de la liberté napolitaine.

La cour prit le parti de la condescendance. Une
proclamation qui parut le 6, portait que, « puisque
le vœu de la nation pour un régime constitutionnel
s'étoit hautement manifesté, le roi se faisoit un devoir

d'y consentir, et que les bases de la constitution se-roient incessamment publiées. »

Cette promesse ne suffisoit pas pour apaiser l'ou-ragan. On exigea que la constitution des cortès espa-gnoles fût promulguée sans délai. Des menaces se mê-loient aux clameurs. Dans cette crise, le roi déclara, par un rescrit, que sa santé ne lui permettant plus de pourvoir aux soins du gouvernement, il nommoit son fils aîné (le duc de Calabre) vicaire-général du royaume, avec la clause illimitée de l'*alter ego*, c'est-à-dire, avec l'exercice de tous les droits de l'autorité royale.

La constitution des cortès continuant d'être l'objet des clameurs populaires, et la cour s'étant imposé le système d'une résignation absolue, le prince vicaire promit cette constitution, sous la garantie du roi son père. Il annonça la nomination d'une junte provisoire, en attendant la représentation nationale, constitution-nellement convoquée : bref, il ne refusa rien de ce qui pouvoit compléter la satisfaction des *meneurs* déma-gogues; il alla même au-devant de leurs désirs les plus exaltés; enfin il plia sous le poids des circonstances, jusqu'à permettre que les honneurs d'une sorte de triomphe fussent décernés au général Pepé. Mais, à part le burlesque de cette ovation, les ménagements du prince pour l'idole de la populace ne furent pas inutiles; car cet homme étoit peut-être le seul qui pût rejeter dans ses foyers cette multitude immense, dont Naples et son voisinage étaient inondés.

Il fut convenu que le corps législatif s'assembleroit le 1ᵉʳ octobre (1820).

Jusqu'à présent, la révolution italienne ne nous offre

que le tableau d'un soulèvement tumultueux, mêlé
d'un enthousiasme d'emprunt et d'un héroïsme bouf-
fon. Elle eut des suites plus sérieuses en Sicile. Aux
événements qui s'y passèrent, on reconnoît le funeste
théâtre des *vépres siciliennes.*

Les changements qu'a subis le gouvernement de la
Sicile, depuis plusieurs siècles, s'étoient toujours ef-
fectués de manière à ce que des libertés, chères à ses
habitants, ne reçussent aucune atteinte. Le dernier
que cette île éprouva sous l'administration de lord
Bentinck (1) s'accommodant plus particulièrement à
ses idées d'indépendance, rappela l'ancienne constitution, assez rapprochée par ses formes de la constitution
angloise. Mais Ferdinand, remis en possession de ses
états, avoit aboli cette constitution, pour ne faire
qu'une seule monarchie, des deux Siciles. Il dédom-
magea les Siciliens de ce sacrifice par un grand nombre
de concessions favorables. Cependant ils persévéroient
à souhaiter un arrangement qui les séparât entière-
ment des Napolitains.

Le bruit de ce qui se passoit à Naples produisit à Palerme la sensation la plus vive, et partagea tous les habitants en deux factions : l'une qui votoit aveuglément pour
la charte espagnole, l'autre qui demandoit que la Sicile
formât désormais un état particulier. Aux trois cou-
leurs, expression du vœu des premiers, les seconds
ajoutèrent la couleur jaune et l'aigle sicilienne. Les
uns crioient *vive la révolution!* les autres, *vive la Sicile et l'indépendance!*

______

(1) Lors de l'usurpation, la Sicile étoit restée fidèle. Un corps de troupes angloises, sous le commandement de lord Bentinck, la mit à l'abri
d'une invasion.

Malheureusement, tout cela tomboit au 16 de juillet, jour de la fête de sainte Rosalie, patronne de la Sicile. Cette solennité, comme on sait, livre le peuple des villes et des campagnes aux élans d'une joie voisine de l'ivresse. La fermentation révolutionnaire, en s'unissant à cette disposition, rendoit la populace capable de tous les désordres. Ce jour d'allégresse n'avoit plus sa couleur ordinaire; et la sainte, objet constant, à cette époque, d'une sorte de fanatisme, la sainte étoit oubliée. *Liberté, constitution, indépendance*, voilà ce qu'on entendoit dans les rues, sur les places, aux portes des temples. Un officier anglois qui commandoit à Palerme, et qui n'entendoit rien aux doctrines populaires, osa témoigner de l'impatience. Des cris de mort s'élevèrent contre cet étranger imprudent. Il eût été massacré, sans un Sicilien courageux qui reçut deux blessures en le défendant.

Le lieutenant-général Naselli réunit autour de lui les hommes les plus influents sur l'opinion du peuple; on proposa des moyens de conciliation et de garantie mutuelle entre les Siciliens et les Napolitains; mais l'impétuosité populaire devançoit toutes les mesures de l'autorité. Les plus hardis s'étoient emparés des forts; on les reprit sur eux. De ce moment, leur rage ne connut plus de frein. Tous les efforts de leurs magistrats, pour les rappeler à la raison, furent inutiles: le peuple ne discute pas; il tue. Le carnage dura toute la nuit; les prisons forcées, les bagnes ouverts, avoient vomi deux ou trois mille scélérats; le crime étoit armé.

Cependant, la junte et le corps municipal rétablirent la tranquillité par la création d'une garde, composée des meilleurs citoyens. Le peuple lui-même parut fatigué de ses propres excès.

Naples reçut avec indignation les détails de la journée du 17. Aussi, quand le gouvernement eut appris que Palerme envoyoit des députés porteurs d'un traité de confédération entre les deux royaumes, on leur signifia l'ordre de s'arrêter à Procyta. Les propositions dont ils étoient chargés se traitèrent par messages; et tandis que l'on contestoit des deux parts, sans que la négociation avançât, une expédition napolitaine, projetée pour réduire les Palermitains, mit à la voile, du 31 août au 2 septembre. Après un premier échec qui leur coûta toute leur flottille, les Siciliens demandèrent un armistice qui fut accordé. L'armistice amena la capitulation. Mais, au moment où le prince de Villafranca stipuloit les conditions de cet accommodement, un moine insensé rallumoit le feu de la révolte. La maison du plénipotentiaire étoit au pillage; et les Napolitains qui croyoient entrer en amis furent reçus à coups de canon. Leur général, homme sage, ordonna la retraite; le lendemain, il fit commencer un bombardement qui répandit l'épouvante. Le peuple ouvrit les yeux, et se soumit à la capitulation. Mais cette même capitulation qu'il avoit été si difficile de faire accepter aux Palermitains, Naples la rejeta, comme laissant indécis l'article de l'indépendance. Elle fut donc déclarée nulle; et pour s'assurer de la soumission des Siciliens, le général Coletta conduisit 6,000 Calabrois à Palerme, et l'assujettit au régime militaire.

Naples n'étoit pas tranquille; les causes d'agitation s'y multiplioient de jour en jour. Les élections s'étoient faites dans l'esprit de la révolution; mais les auteurs mêmes de la révolution se divisoient; les partis étoient aux prises. La multitude, qui se croit toujours trahie, quand le mouvement se ralentit, fatiguoit l'autorité de ses clameurs; et les *Carbonari*, jetés dans tous les rangs de la population, l'animoient de leur turbulence.

Trois grandes puissances avoient refusé d'entrer en communication avec le nouveau gouvernement napolitain. Aussi l'Europe apprit-elle sans étonnement qu'elles se réunissoient à Troppau, pour aviser aux moyens d'arrêter l'épidémie révolutionnaire. L'empereur d'Autriche s'y rendit le 18 octobre; l'empereur Alexandre, deux jours après; le roi de Naples, le 7 novembre. En même temps, l'Autriche déployoit des forces menaçantes sur les frontières du royaume insurgé. Les trois souverains écrivirent au roi de Naples pour l'inviter à faire partie du congrès qui reprendroit incessamment ses opérations à Laybach. Ce projet de départ qui ressembloit à la fuite, le style du message de Ferdinand au corps législatif, le mot je *pars* qui parut un peu trop royal, furent mal reçus. « Le roi, disoit-on, ne doit vouloir que ce que la constitution lui permet. » Mais ce prince, par un dernier rescrit, dissipa tous les ombrages, et partit le 16 de décembre. Les *Carbonari* ne se dissimulèrent point le péril que couroit leur ouvrage. On fit des plans de campagne, des levées, des dons patriotiques, et surtout des proclamations. De trois corps d'armée, le plus important marchoit sous les ordres de Guillaume Pépé, dont le nom seul rassuroit les plus timides. Ces trois corps formoient ensemble une force active de 35 à 40 mille hommes de troupes de ligne, de 50 à 60 mille hommes de milices, gardes nationales, volontaires, etc. etc. Comptons de plus un assez grand nombre de frégates et de barques canonnières qui devoient intercepter les

convois des Autrichiens dans l'Adriatique. C'étoit
au moins leur destination présomptueuse. Dès les premiers jours de la réunion des souverains à Laybach, il
fut décidé qu'on ne reconnoîtroit, en aucune manière,
le nouvel ordre de choses établi dans l'état napolitain;
que l'autorité royale y seroit réintégrée, telle qu'elle étoit
avant le 5 juillet 1820, et qu'un grand corps de troupes
autrichiennes, au nom des trois cours d'Autriche, de
Prusse et de Russie, seroit mis à la disposition du roi
de Naples, pour combattre toute résistance à l'effet de
ces hautes résolutions. Le général Frimont, qui commandoit cette armée, passa le Pô le 2 de février; et
déja s'avançoient à sa rencontre les légions napolitaines, parées des noms classiques de *Samnites,* de
Brutiens, d'*Irpins*, de *bataillon sacré.* Mais, aux
premiers sons des trompettes autrichiennes, tout lâcha
pied. Les Samnites, les Brutiens, les Irpins se sauvèrent dans les montagnes; le 25, Naples capitula.

Les résultats de l'insurrection des Napolitains furent
le déshonneur de l'armée, sa dissolution, l'occupation
militaire, le déficit évalué pour neuf mois de révolution à dix millions de ducats, et surtout des crimes et
des malheurs.

Les peuples seront toujours dupes des charlatans
et des brouillons politiques. Vainement l'histoire, cette
voix du passé, les avertit-elle de l'avenir qui les attend; ils sont sourds à ses leçons; ils ne peuvent être
instruits qu'à leurs dépens.

LE PIÉMONT.

« Des événements qui ne font qu'effleurer la surface d'un pays, sans y laisser de traces, dit un historien de Louis XVIII, n'ont pas beaucoup d'importance. »

Non sans doute; mais ils en acquièrent par leur liaison avec d'autres événements dont ils sont une dépendance. Peut-on croire que le spectacle des révolutions qui troubloient l'Europe eût soulevé les constitutionnels du Piémont, s'ils n'eussent compté sur Madrid, sur Naples, sur Milan? si nos libéraux qui *ne désespèrent point de la patrie* n'eussent tenu le fil qui les dirigeoit? Celui qui, du haut des cieux, préside aux destinées humaines, n'a pas permis que le génie du mal triomphât dans les trois royaumes qu'il ébranloit à la fois.

> *Ter Pater exstructos disjecit fulmine montes.*
> VIRG.

Quelques jeunes étourdis, poussés ou non, excitèrent du tumulte, au théâtre d'Angennes. Le soir même, la police en fit arrêter deux qui s'étoient montrés plus mutins que les autres. Comme ils étudioient à l'université, leurs camarades les réclamèrent avec un emportement séditieux. On ne les écouta point, et des ordres furent donnés pour transférer les détenus dans une prison d'état. Les étudiants encore plus irrités essayèrent de les arracher à l'escorte qui les conduisoit, et telles furent la violence et l'opiniâtreté de leurs efforts, qu'il fallut les écarter à coups de baïonnette. Le peuple ne prit aucune part à cette affaire; mais elle laissa des ressentiments dans ces esprits inquiets et rétifs qui fléchissent à regret sous le joug de l'autorité. Des écrits furent composés, où l'administration la plus douce et la plus paternelle étoit flétrie du nom de *despotisme*. Dans les loges des francs-maçons, les orateurs dédaignoient de s'envelopper des énigmes de leur langage. Ils parloient de la constitution des cortès de Cadix, comme du chef-d'œuvre de la raison humaine. Ils faisoient des vœux insolents pour le succès des Napolitains; et toutes les déclamations se terminoient par des *utinam !* accompagnés d'applaudissements frénétiques. Une jeunesse ardente s'enivroit de ces espérances. Celle même de la cour se montroit dans les réunions où l'on parloit le plus hardiment; et (ce qui doit sembler étrange) plusieurs chefs de ces jeunes conjurés qui croyoient n'être que patriotes, étoient fils de ministres, de généraux, d'hommes en place, et se trouvoient eux-mêmes dans les avenues du pouvoir. Cet esprit, descendu des premières classes aux rangs inférieurs, préparoit inévitablement une éruption révolutionnaire. Toute insurrection qui n'auroit pas mis l'armée dans ses intérêts seroit trop facile à réprimer. Aussi les artisans de révolution commencent-ils toujours par gagner les troupes. Le 10 mars (1821), on apprit à Turin la défection de deux régiments casernés dans la citadelle d'Alexandrie. Les soldats de ces deux corps nommèrent leurs officiers; et par un renversement d'idées trop commun dans les révolutions, ils imposèrent à leurs chefs le serment qui leur avoit été dicté, c'est-à-dire, d'adopter la constitution des cortès, et de la faire adopter à toute l'Italie. En même temps, ils publièrent une déclaration qui fut le premier manifeste de la prétendue confédération italienne. Maîtres de Turin, par la retraite du gouverneur, ils proclamèrent la constitution.

Le roi Victor-Emmanuel étoit à Montcalieri, quand ce désordre lui fut annoncé. Il se rendit à Turin, dans la soirée du 10 mars 1821, et convoqua son conseil. La première mesure jugée nécessaire fut de désabuser la partie saine de ses sujets, du projet supposé de licencier les troupes piémontaises, et d'admettre des garnisons autrichiennes dans les principales forteresses du royaume. Ensuite on s'occupa des moyens de répression. Le roi proposoit de marcher tout de suite sur Alexandrie, point central de l'insurrection; mais on lui représenta que Turin étoit encore tranquille, et qu'en s'éloignant, on le livroit aux suggestions des révolutionnaires. On a cru qu'un ministre avoit opiné pour l'adoption de la charte françoise, dans la vue, disoit-il, d'écarter la constitution espagnole; mais que le roi, n'entendant faire aucune concession à la révolte, s'étoit élevé contre cet avis.

Pendant qu'on délibéroit, trois coups de canon partirent de la citadelle. La trahison en avoit ouvert les portes aux fédérés, et le drapeau des Carbonari flottoit sur ses murs. Une grande anxiété se répandit dans la ville. On parloit de siège et de bombardement, si le désir des constitutionnels n'étoit rempli. Placés entre les bombes et la constitution, les habitants effrayés demandèrent la constitution, et supplièrent le prince de Savoie de porter au roi le vœu de la terreur. Emmanuel persévéra dans le refus de transiger; mais il déclara que pour demeurer fidèle à ses alliés, et pour détourner de ses sujets le fléau de la discorde civile, il prenoit la résolution d'abdiquer; et que, dans l'absence de son frère, le duc de Genevois, légitime héritier de la couronne, il nommoit régent le prince Amedée-Charles Albert de Savoie, prince de Carignan, en lui conférant l'exercice de toute son autorité.

Cette résolution fut suivie de la démission des ministres, et notifiée sur-le-champ aux ministres étrangers, présents à Turin.

L'abdication de Victor-Emmanuel embarrassa les conjurés. Ils ne pouvoient plus décevoir la multitude, en se couvrant du nom du roi; et quoique le prince régent qui, disoit-on, avoit été dans leur confidence, n'en eût point abusé, même contre les hommes les plus dangereux, ils savoient que Charles-Albert étoit trop plein d'honneur pour ne pas accomplir dans toute leur étendue les obligations qu'il avoit acceptées. Le lendemain, une populace nombreuse s'amassa sous les fenêtres du palais, réclamant la constitution des cortès. Le prince répondit au député de cette foule ameutée, qu'il n'avoit pas reçu du roi qu'il représentoit, le pouvoir d'approuver un nouveau gouvernement. « Le sang est prêt à couler, dit le tribun d'une voix menaçante. — Je verserai tout le mien, répliqua Charles-Albert, plutôt que d'abandonner les droits du trône.» Ces nobles paroles annonçoient une volonté qui ne molliroit point. Les clameurs cessèrent. Néanmoins, après s'être concerté le jour même avec les anciens ministres, le régent crut devoir autoriser la publication de l'œuvre constitutionnelle des cortès, et rendit compte au duc de Genevois, des motifs impérieux qui l'avoient déterminé.

La composition d'une junte qui précéderoit celle d'un parlement national étoit nécessaire et fut difficile. « On redoutoit l'honneur d'être choisi, comme un péril sans gloire », dit M. du Bertrand. Aussi le prince eut-il beaucoup de peine à la compléter. La création de cette junte entraînoit la dissolution de celle d'Alexandrie, dont les membres s'étoient nommés eux-mêmes, et qui ne se retirèrent, qu'indemnisés des sommes qu'ils avoient employées à bouleverser leur pays.

Charles-Félix duc de Genevois étoit à Modène, quand son frère lui remit un sceptre devenu trop pesant. Ce prince suspendit son assentiment à l'acte qui l'appeloit au trône, jusqu'à ce qu'il eût été pleinement confirmé par le roi son frère. Mais, sans attendre la réponse qu'il prévoyoit, il fit publier qu'il ne reconnoissoit aucun des changements opérés dans le gouvernement préexistant, et qu'il regardoit comme rebelles tous ceux qui s'uniroient ou resteroient unis aux fauteurs et partisans d'une constitution étrangère à la patrie. La même déclaration nommoit général en chef de l'armée piémontaise le comte Sallier de la Tour, gouverneur de Novare.

L'accent d'une autorité vigoureuse troubla les factieux les plus décidés. Toutefois ils dissimulèrent leurs alarmes, pour ne pas perdre leur influence. Ils crioient même plus que jamais, *guerre à l'Autriche !* en feignant d'ignorer l'insuffisance de leurs moyens. A les entendre, ils alloient marcher sur la Lombardie, pour s'étayer du carbonarisme de Milan, et secourir par une diversion les Napolitains aux abois. Le peuple, toujours dupe, applaudissoit : et cependant 20,000 hommes passoient le Tésin, sous les ordres du général autrichien Bubna; l'empereur Alexandre annonçoit un corps d'auxiliaires; le prince de Carignan étoit sorti de Turin, emmenant à sa suite les gardes du corps, l'artillerie légère, les chevau-légers, le régiment de Royal-Piémont, cavalerie. D'une autre part, l'armée dite *constitutionnelle* se réduisoit par des défections quotidiennes, dont se grossissoit l'armée royale : toutes les chances d'un revers prochain menaçoient le parti révolutionnaire.

Le général La Tour se croyoit assez fort pour se passer de l'intervention des étrangers : mais une entreprise des insurgés sur Novare le força de recevoir le secours de plusieurs régiments autrichiens. Une affaire eut lieu, dans la matinée du 8 avril, sous les murs de Novare. Les constitutionnels se défendirent avec intrépidité contre des forces supérieures, et ne plièrent qu'après sept heures de résistance. Leur déroute mit fin à tout. Le général victorieux fit son entrée dans Turin, au milieu d'une population désabusée qui crioit : *vive le roi!* Les journaux républicains se pressèrent d'être royalistes; les effets publics se relevèrent; la tranquillité se rétablit.

Telle fut l'insurrection du Piémont, qui ne dura que trente jours, mais qui, dans ce court espace de temps, produisit d'assez grands maux, pour en faire détester les auteurs.

Dans le desir de recommencer Charlemagne (car c'étoit le rêve de son ambition), il falloit que Bonaparte ajoutât à la conquête des Pays-Bas, de l'Allemagne, de l'Italie, celle de l'Espagne et du Portugal. Introduit dans la péninsule par des perfidies voilées sous un air de protection et d'intérêt, il en fit occuper militairement les places fortes, comme des points d'appui nécessaires à l'accomplissement de ses projets. Ses armées se dirigèrent en effet sur Lisbonne. La famille royale et la flotte portugaise alloient tomber entre ses mains, lorsqu'un parti que suggéra l'Angleterre déjoua cette audacieuse espérance. Le 29 de novembre 1807,

Jean VI, tous les siens et tout son ministère s'embarquèrent pour le Brésil. Le lendemain, les troupes françoises avoient envahi sa capitale.

Cette grande émigration, dont l'histoire n'offre pas un autre exemple, livroit le Portugal aux chances d'une révolution, et toutes les apparences concouroient tellement à l'offrir comme inévitable et prochaine, qu'on a peine à concevoir qu'elle n'ait pas devancé, de plusieurs années, l'insurrection espagnole, surtout quand on se représente l'état des choses tel qu'il fut maintenu long-temps après le départ du roi ; le timon du gouvernement entre les mains d'un ministère anglois, les officiers de cette nation constamment préférés aux portugais, l'industrie du pays dominée par la concurrence étrangère, la navigation, l'agriculture et le commerce anéantis. Le malheur des peuples poussés à bout est presque toujours, qu'au moment où le mécontentement éclate, l'intrigue et la faction s'en emparent, et l'entretiennent pour en profiter. Il est rare qu'à force de tyrannies, elles ne parviennent point à dégoûter de la liberté, jusqu'à faire regretter le pouvoir absolu.

Témoin de l'effervescence qui régnoit dans toutes les classes, la régence de Lisbonne l'irritoit au lieu de la calmer, en accueillant tous les soupçons, tous les délateurs. A la fin de mai 1817, les régents firent arrêter le général Gomès Freyre ; mais ils ne tenoient qu'un fil de la conjuration qui s'étendoit plus loin que leur prévoyance. Elle se déclara, dans la nuit du 24 août 1820, au milieu des régiments réunis à Porto. L'armée cria, *Vive le roi !* (dont elle méconnoissoit l'autorité) ; *Vive la constitution !* (qui n'existoit pas).

La régence fut alarmée ; mais la lenteur de ses me-

sures donna le temps au feu de la sédition de courir
aux deux bouts du royaume. On fut réduit à transiger
avec le parti révolutionnaire. Mais, au lieu d'accepter
les satisfactions proposées, les rebelles demandèrent à
grands cris la dissolution de la régence et la recom-
position du gouvernement, sur d'autres bases. Une junte
s'étoit formée, le jour même de l'insurrection, à Porto;
une junte se forma pareillement à Lisbonne. Ces deux
juntes, morcelant le pouvoir et jalouses l'une de l'autre, parurent déterminées à soutenir leurs prétentions,
les armes à la main : mais la crainte qu'elles s'inspi-
rèrent leur tint lieu de sagesse : elles se confondirent
en une seule et même administration qui rassembla les
membres des deux gouvernements.

Le roi de Portugal, informé de ce qui se passoit
dans ses états d'Europe, fit partir pour Lisbonne le
maréchal Beresford, investi des pouvoirs les plus éten-
dus. Le 10 octobre, ce général étoit à la vue de Lisbonne; on l'empêcha de débarquer.

Les insurgés portugais, réglant leur marche sur la
révolution espagnole, appelèrent leurs Cortès qui n'a-
voient pas été convoquées depuis 1697; ce qui prou-
voit qu'un gouvernement toujours sage les avoit rendues inutiles. Elles s'ouvrirent le 10 de janvier 1821.
On pense bien que le dogme du *peuple souverain* y
fut proclamé comme un principe au-dessus de toute
contestation; mais l'obéissance au roi Jean VI, ainsi
qu'à sa dynastie tout entière, et la profession du culte
catholique, y furent également reconnues comme des
points fondamentaux. Tandis que, sur tout le reste, on
démolissoit l'ancien système du gouvernement portugais, l'esprit de la révolution avoit traversé l'Atlantique.

1815—24.

Il régnoit à Madère ; il avoit atteint Rio-Janeiro. Le monarque fit de vains efforts pour résister à la tempête que l'Europe envoyoit. Il fallut céder, et Dom Pierre, au nom du roi son père, promit de se soumettre à la constitution que Lisbonne adopteroit. Cette promesse rétablit la paix et répandit la joie. Des blancs et des noirs, attelés au carrosse du roi, le ramenèrent en triomphe, de sa maison de campagne à son palais. On abjura les doctrines monarchiques, aux cris de *vive le roi !*

Soit que ce prince eût proposé lui-même de se rendre à Lisbonne, pour y porter une approbation solennelle des travaux de l'assemblée ; soit qu'il en eût reçu l'injonction, sous la forme d'une *humble prière*, un décret du 17 mars annonça son départ. Il s'embarqua le 26 avril, laissant le prince héréditaire, Dom Pierre, à la tête du gouvernement. Jean VI étoit à peine éloigné, qu'une députation du parti le plus révolutionnaire apporta, de la part de ses chefs, au prince régent, cinq résolutions à signer. Déterminé d'avance à tous les sacrifices, Dom Pierre n'hésita point, quoique ce prélude de constitution l'enchaînât. Mais, en s'entourant de formes populaires, il eût bientôt regagné plus de pouvoir qu'il n'en avoit abandonné.

L'admission du monarque à Lisbonne souffrit des difficultés. Toutes les précautions d'une méfiance hostile furent prises, de la part des cortès, avant que le mouillage de la flotte royale s'effectuât au port de Bélem. Enfin, après beaucoup de messages et de pourparlers, Jean VI et les infants Dom Michel et Dom Sébastien furent reçus dans la capitale. Le roi répéta son serment, sur les saints évangiles ; et, de ce moment, il entra dans l'exercice de la royauté constitutionnelle, — avec une puissance mal définie, surtout mal assurée.

Celle du prince régent s'affermissoit au Brésil, non sans faire ombrage aux cortès du Portugal européen. Elles craignoient que cette vaste contrée ne s'émancipât ; et dans cette pensée, leurs mesures tendirent à diviser les provinces, afin d'embarrasser la régence. Mais cette politique irréfléchie ne fit que développer un esprit indépendant, et précipiter la scission entre la métropole et les colonies. On apprit, de Rio-Janeiro, que le peuple qui, dans la chaleur des révolutions, ne sait point s'arrêter, avoit déféré le titre d'*empereur constitutionnel* au prince héréditaire.

La constitution des cortès de Lisbonne étoit proclamée. Mais le peuple en avoit reçu la publication avec indifférence ; la misère avoit refroidi l'enthousiasme. L'armée murmuroit. Une grande dissidence d'opinions régnoit au sein de la famille royale. La reine se maintenoit dans une opposition tellement prononcée, que les cortès demandèrent qu'elle prêtât son serment. Elle refusa de jurer obéissance à des lois qu'elle haïssoit ; et feindre, comme on le lui conseilloit, lui parut une foiblesse indigne d'elle. Aux termes de la constitution, le *crime* de la reine emportoit la peine d'un bannissement perpétuel. Ainsi le roi fut réduit à signer un arrêt qui chassoit du Portugal la compagne de tous ses chagrins. En recevant cet arrêt, dona Caroline écrivit au roi son époux une lettre qu'a recueillie l'histoire, et qui ne périra point (1).

____

(1) « J'ai reçu hier, dans la nuit, par les mains d'un de vos ministres, « l'ordre de quitter vos états ; ainsi c'est pour m'envoyer dans l'exil que

Une ame forte soutint le courage de cette princesse. Du château de Ramalhao qui lui fut assigné pour prison, elle ne cessa de stimuler tous les amis du sang de Bragance et du trône. Ses lettres, qu'elle déroboit

« vous me faites descendre du trône où vous m'avez appelée. Du fond de
« mon ame, je vous pardonne et vous plains. Tout mon mépris, toute
« ma haine seront pour ceux qui vous obsèdent et qui vous trompent.
« Sur la terre d'exil, je serai plus libre que dans vos palais. J'emporte ma
« liberté; mon cœur n'est point esclave. Il n'a point fléchi devant les orgueil-
« leux sujets qui vous ont imposé des lois, qui vouloient forcer ma con-
« science à prêter un serment qu'elle réprouve. Je n'ai point cédé à leurs
« menaces. J'obéis à la voix du ciel qui me dit que si le temps des gran-
« deurs est passé pour moi, celui de la gloire commence.

« Épouse soumise, je vous obéirai, Sire; mais j'obéirai à vous seul. A
« vous seul, je dirai que mes souffrances et les rigueurs de la saison ren-
« dent, dans ce moment, mon départ impossible. On n'a point exigé de
« vous que vous ordonniez ma mort. Bientôt je partirai; mais, pour trou-
« ver un asile, où porterai-je mes pas ? Le pays où je suis née est, ainsi
« que le vôtre, en proie aux révolutions : mon frère (*) est, comme vous,
« captif couronné, et c'est en vain que sa jeune épouse demande à venir
« pleurer avec moi dans une pieuse retraite. Vous ne refuserez pas que
« mes filles m'accompagnent. Parmi les lois qui vous sont imposées, il
« n'en est pas qui arrachent les enfants à leur mère : et si mes droits,
« comme reine, sont méconnus, ceux de mère seront peut-être respectés.
« A l'approche du printemps, je quitterai vos états, cette terre où j'ai
« régné, où j'ai fait quelque bien : j'irai partager les dangers de mon frère.
« Je lui dirai : « Ils n'ont pu me fléchir ; ils m'ont exilée. Mais ma conscience
« est pure ; car je me suis souvenue du sang qui coule dans mes veines. »

« Adieu, Sire. Je vous laisse vieux et infirme sur un trône chancelant.
« En m'éloignant de vous, ma douleur est vive. Votre fils n'est pas avec
« vous, et les méchants vous en séparent bien plus encore que les mers.
« La couronne souillée pèse sur vos cheveux blancs : ah ! que le Seigneur,
« par qui règnent les rois, veille sur vous et confonde vos ennemis ! Par-
« tout où sera l'épouse que vous exilez, partout, elle priera pour V. M.
« Elle demandera à Dieu qu'il vous donne de longs jours, et qu'il rende
« enfin au pays d'où je suis chassée, le bonheur et la paix.

« Moi, LA REINE. »

« Le 4 décembre 1822. »

(*) Ferdinand VII, roi d'Espagne.

à la vigilance d'une garde nombreuse, étoient portées 1825—24. aux grands, par le prince Michel, un de ses fils, qui leur transmettoit l'indignation dont sa mère étoit animée. Le premier qui répondit à cet appel fut le comte Amarante Pinto de Fonseca, qui jouissoit d'une fortune considérable et d'une grande influence. L'essai de ses armes contre les cortès, quoiqu'il n'eût pas été fort heureux, enhardit d'autres royalistes. On sentit qu'il étoit aisé d'ébranler une domination qui fatiguoit. Parmi les hommes d'un haut rang qui, par opinion ou par entraînement, s'étoient abandonnés au mouvement des idées nouvelles, les plus estimés s'en détachèrent. Le prince Michel, ouvertement déclaré, rallia sous son drapeau tout ce qui n'attendoit qu'un exemple et qu'un chef. L'Espagne envahie mettoit ses cortès à la merci du vainqueur : la chance du sénat portugais ne sembloit guère plus rassurante ; et déja même les membres les plus compromis étoient en fuite. Toutes ces causes agissant à la fois renversèrent en peu de jours la révolution, sans en éteindre l'esprit qui préparoit d'autres événements.

Il faut bien reconnoître dans l'insurrection des Grecs un effet de ce même esprit qui, depuis trente années, a remué l'Europe, et qui s'est étendu de Madrid à Buénos-Ayres, et de Cadix à l'Isthme de Corinthe. Mais, ne nous y trompons pas. Cette insurrection n'a rien de commun avec les secousses révolutionnaires de Naples, du Piémont et même de la Péninsule. Ici, c'est une lutte corps à corps, de la liberté contre l'oppression. C'est l'effort héroïque d'un peuple qui se souvient de ses nobles ancêtres, d'un peuple que la servitude avilissoit, et qui se montre digne de rentrer dans l'histoire.

Des publicistes ont demandé si les Grecs n'étoient pas des sujets en rébellion ouverte? « Étrange confu- « sion de mots, » s'est écrié, sur cette question, un homme éloquent. « Les Grecs, des sujets rebelles! Eh! « d'abord, les Grecs, ne sont pas des sujets; c'est un « troupeau d'esclaves. Et vous les appelez des *rebelles!* « un peuple malheureux que le cimeterré musulman a « rayé de la liste des nations, en attendant qu'il l'efface « du nombre des vivants! Jugez, par la protection que « le gouvernement accorde aux Grecs, de la fidélité « qu'ils lui doivent(1)! »

Il seroit difficile de ne point adopter ces pensées généreuses. Une aussi longue infortune n'a-t-elle pas des droits sacrés à l'intérêt de tous les bons cœurs? Songeons que les Grecs ne participent en aucune manière aux avantages de la communauté politique; qu'ils sont des Ilotes, des *Rayas;* que le moindre aga de village peut outrager impunément l'homme le plus estimé, s'il est Grec; que la moindre faute d'un Grec est un forfait;

> Et qu'une mort sanglante est l'unique traité
> Qui reste entre l'esclave et le maître irrité.
>
> RACINE.

Avant que les Grecs eussent la liberté de fonder des écoles régulières (liberté qui ne remonte guère au-delà d'un demi-siècle), les enfants des riches alloient

---

(1) *Discours de M. Cambon, membre de la chambre des députés, à la séance du 3 juin* 1826.

recevoir en Europe les bienfaits d'une éducation plus
ou moins imparfaite. Enfin, il parut que cette rouille
d'une longue barbarie tendoit à s'effacer dans l'empire
ottoman. Les habitants de Scio fondèrent un collége
dans leur île, sur les principes des écoles européennes,
et Sélim témoigna que cet établissement lui plaisoit.
A Cydonie, près des ruines de l'ancienne Élée, floris-
soit un collége dirigé par des maîtres habiles. Smyrne
avoit ouvert une école, et la lumière des sciences re-
commençoit à poindre dans ces contrées où, depuis si
long-temps, l'ignorance avoit répandu ses ténèbres.
Les connoissances que les jeunes Grecs puisoient au
sein de ces écoles leur apprenoient à rougir de leurs
chaînes, et le besoin de les rompre étoit une passion
ardente qu'ils rapportoient presque tous dans leurs
foyers. Franchissons l'espace de temps qui s'écoula depuis ces premières inquiétudes de liberté, jusqu'à l'année 1821. A cette époque mourut Alexandre Suzzo,
dernier hospodar de Valachie. La Porte ne l'eut pas
plus tôt remplacé, qu'un Valaque, nommé *Théodore*,
homme obscur, mais accrédité parmi les siens, sortit
de Bucharest, à la tête d'une poignée de ces Arnautes,
brigands de race albanoise, dont le métier est de s'en-
rôler sous toutes les bannières, et toujours prêts à
verser leur sang, pourvu qu'il soit payé. Théodore dé-
testoit l'administration des princes grecs, cupides op-
presseurs de leurs compatriotes; et c'étoit contre eux
qu'il marchoit. Sa petite armée se grossit d'une foule
de paysans, de pandours, et même des troupes en-
voyées à sa poursuite. Quand on apprit cette insurrection à Constantinople, un autre mouvement éclatoit
en Moldavie. Celui-ci paroissoit conduit par les deux

 Ypsilanti, fils d'un ancien hospodar. L'aîné de ces deux frères, Alexandre, élève de l'académie militaire de Pétersbourg, étoit parvenu, de grade en grade, au rang de major-général de l'armée russe. Impatient de la domination des Turcs et du joug des pachas, il crut entrevoir dans la rébellion de Théodore une voie qui s'ouvroit à l'affranchissement de sa patrie. Trop ardent pour n'être pas téméraire, il fit afficher le 7 mars 1821, dans les rues de Jassy, sous les yeux mêmes de l'hos‑ podar, une proclamation qui crioit à tous les Grecs : « Sortez d'esclavage! » L'effet en fut terrible. Dès le jour même, des Grecs et des Arnautes se répandirent dans la ville, égorgeant tous les Turcs avec une aveugle rage. Alexandre s'étoit flatté de la protection des Russes. Mais il ne jouit pas long-temps de cette illusion : l'em‑ pereur désavoua son entreprise, et pour ne laisser au‑ cun doute sur ses dispositions à cet égard, il ordonna qu'Ypsilanti fût rayé de la liste des officiers russes. La Porte prit toutes les mesures accoutumées en pareille occasion. On forma précipitamment des *bairacs* (1), qui se rassemblèrent autour de la capitale. Une armée turque se dirigea sur la Moldavie. Des troupes furent embarquées pour garnir tous les points de la province qui bordent la mer Noire. De part et d'autre, les pre‑ mières fureurs n'eurent pas de frein. Grecs et Musul‑ mans préludèrent aux combats par des massacres. Bien‑ tôt l'Attique, la Béotie, la Phocide, l'Étolie, l'Acarnanie se déclarèrent. La flamme et le fer portoient de tous côtés la désolation et la ruine. Si la vengeance eni-

(1) *Bairac* signifie proprement *drapeau*; on compte, en Turquie, les régiments par leurs enseignes.

vroit les Grecs, une horrible émulation de cruautés signaloit les armes des Jussuf-Sélim, des Chourschild et des autres généraux musulmans. Ils ne laissoient dans ces misérables cités que du sang et des cendres. Le 19 avril 1820, Constantinople fut le théâtre des scènes les plus affreuses. Le 21 du même mois, un brigand que sa réputation d'homme sans pitié venoit d'élever au rang de grand-visir, fit pendre le patriarche Grégoire, vieillard honoré que quatre-vingts ans d'une vie sans reproche mettoient au rang des saints : et ses restes furent livrés aux juifs, pour ajouter à l'opprobre de son supplice. Smyrne éprouva les mêmes horreurs que Constantinople. L'héroïque fermeté d'un consul françois sauva, du sabre des janissaires, tout ce qui put se réfugier dans sa maison, dans son jardin, dans ses cours. Honneur à M. David! (c'est le nom de ce François, si digne de l'être.)

Après le soulèvement de la Morée, qui suivit le premier appel à l'indépendance, on se hâta de former un congrès sur les côtes de la Messénie. Bientôt après, Hydra fut proclamée la métropole de la ligue hellénienne; ensuite on choisit Argos, pour y tenir une assemblée générale. Malheureusement le conflit des amours-propres produisit entre les primats de la nation grecque une mésintelligence qui donna le temps aux Turcs de mieux concerter leurs opérations.

La partie maritime de cette guerre a fait plus d'honneur aux Grecs que tout le reste. Les îles d'Hydra, de Spezzia, d'Ipsara, que vingt années d'un commerce prospère avoient enrichies, équipèrent aussitôt tous les vaisseaux marchands qui se trouvoient dans leurs ports. Ces marins grecs s'étoient tellement perfectionnés dans l'art nautique, qu'opposés à des vaisseaux de haut bord, ils ont gagné des batailles qui font souvenir de Mycale et de Salamine. Ils ont détruit des flottes musulmanes; ils ont bloqué des ports ennemis. Ils ont tenu la mer, depuis les côtes de l'Asie-Mineure jusqu'à celles de l'Épire; ils ont porté, d'île en île, à tous les leurs, des armes, des secours et des espérances.

Ici s'arrêtera le court aperçu des premiers élans de l'insurrection des Grecs. En finissant, disons avec M. Villemain : « Cette guerre est l'entretien de l'Eu- « rope; fasse le ciel qu'elle n'en soit pas la honte!... « Si l'on regarde la religion et la morale comme la vie « des empires, » ajoute cet écrivain distingué, « si le « christianisme et l'humanité ne sont pas de vains « mots, laissera-t-on périr le peuple chez lequel ces « saines croyances conservent le plus de force et font « encore des martyrs? »

Louis XVIII étoit profondément touché du malheur des Grecs, et, tout en se soumettant aux considérations d'une politique circonspecte et timide, il énonça plus d'une fois le vœu d'être témoin de leur glorieux affranchissement, avant la fin de sa carrière.

Il n'a pas eu cette noble joie. Des infirmités avoient prématuré sa vieillesse. Depuis la fin de l'année 1823, il s'affoiblissoit de jour en jour. Le 13 de septembre, un bulletin signé des médecins et du premier gentilhomme de la chambre annonçoit un état désespéré. Calme au milieu des souffrances, le roi ne paroissoit sentir que la pieuse douleur de son auguste famille. Quand les secours de la religion approchèrent, on eût dit que ses forces renaissoient. Il mourut, le 16 de septembre, à quatre heures du matin. M. le comte

d'Artois, en succédant à son frère, prit le nom de 1815—24.
Charles X.

C'est la troisième fois que la France a vu trois frères se succéder sur le trône. Après Philippe-le-Bel, ses trois fils, Louis, Charles et Philippe, régnèrent, de 1314 à 1328, et moururent sans laisser d'héritier en ligne droite. Alors commença la branche de Valois, qui s'éteignit avec les fils de Henri II, couronnés tous les trois.

La postérité mettra Louis XVIII au nombre des bons rois, formés à l'école du malheur. Chassé par la révolution, du royaume de ses pères, il sentit que, si jamais les décrets d'en-haut le ramenoient en France, il y retrouveroit une autre France ; que si jamais le trône des lys se relevoit, ce seroit sur d'autres bases. De ce moment, il se livra tout entier à l'étude des meilleures théories politiques, dans l'espérance d'en appliquer un jour les principes ; car il s'est constamment promis un avenir favorable. On assure même qu'en suivant dans ses écarts le brillant aventurier qui possédoit le trône et non les cœurs, il avoit prédit avec justesse l'époque précise où s'arrêteroit sa fortune.

L'exilé d'Hartwell nous apporta deux biens inestimables : la paix et la charte. Que Dieu nous préserve des héros !

Louis XVIII reparut au milieu de ce même peuple qui l'avoit proscrit, comme un père heureux de pardonner. Il reparut pour commander aux ressentiments, pour désarmer les vengeances. François dans tous les temps, et plus encore chez l'étranger, on l'y vit se revêtir de la gloire de nos armées. Redevenu roi,

1815—24.

Louis XVIII s'entoura des guérriers illustres dont cette gloire est l'ouvrage.

L'esprit de Louis étoit plein des leçons de l'histoire; il étoit orné des fleurs de la littérature. Il écrivoit dans la langue de Virgile et d'Horace, comme un professeur exercé.

Les tournures de la poésie françoise et surtout de la poésie galante étoient familières à ce prince ingénieux, dont on a de très-jolis madrigaux. Il se plaisoit à déclamer les belles scènes de Ducis; il parloit avec une grande estime des vers de M. Soumet. Les comédies de M. Picard l'amusoient. Il reconnoissoit à M. Lemercier les *great parts* des Anglois; mais les incorrections de cet écrivain inquiétoient son goût scrupuleux et difficile. Il aimoit la plume de M. Charles Lacretelle, en lui reprochant un peu trop d'éclat. Il rendoit une pleine justice au talent de M. de Châteaubriand. Il citoit le style de M. Villemain comme un mélange heureux d'élévation, de brillant et d'élégance.

Louis XVIII étoit bon, généreux, compatissant. Il permit l'évasion de M. de La Vallette; il vouloit que le maréchal Ney fût sauvé.

Son règne si court et si plein est un des règnes les plus remarquables de nos annales, par les liber   u'il a fondées et le bien qu'il a fait.

FIN DU ONZIÈME VOLUME.

www.ingramcontent.com/pod-product-compliance
Lightning Source LLC
Chambersburg PA
CBHW061307060726
47596CB00002B/797